行·业·会·计·财·税·丛·书

房地产开发企业 全流程财税处理

（会计核算＋政策解析＋税务处理）

会计真账实操训练营◎编著

中国铁道出版社有限公司
CHINA RAILWAY PUBLISHING HOUSE CO., LTD.
北京

图书在版编目（CIP）数据

房地产开发企业全流程财税处理：会计核算＋政策解析＋税务处理/会计真账实操训练营编著 . —北京：中国铁道出版社有限公司，2024.9
ISBN 978-7-113-31232-9

Ⅰ.①房… Ⅱ.①会… Ⅲ.①房地产企业-财务管理-中国②房地产企业-税收管理-中国 Ⅳ.①F299.233.3②F812.423

中国国家版本馆 CIP 数据核字（2024）第 091387 号

书　　名：**房地产开发企业全流程财税处理**（会计核算＋政策解析＋税务处理）
　　　　　FANGDICHAN KAIFA QIYE QUAN LIUCHENG CAISHUI CHULI(KUAIJI HESUAN+ZHENGCE JIEXI+SHUIWU CHULI)
作　　者：会计真账实操训练营

责任编辑：王淑艳　　　　编辑部电话：（010）51873022　　　电子邮箱：554890432@qq.com
封面设计：末末美书
责任校对：刘　畅
责任印制：赵星辰

出版发行：中国铁道出版社有限公司（100054，北京市西城区右安门西街 8 号）
网　　址：http://www.tdpress.com
印　　刷：三河市宏盛印务有限公司
版　　次：2024 年 9 月第 1 版　2024 年 9 月第 1 次印刷
开　　本：710 mm×1 000 mm 1/16　印张：16.5　字数：274 千
书　　号：ISBN 978-7-113-31232-9
定　　价：88.00 元

前　言

要想成为一名房地产开发企业的业务型会计，首先要熟悉房地产开发企业的经营特点与业务流程，其次要掌握日常账务的处理，最后还要熟悉税法与相关法律法规，防范企业的税务风险。

房地产开发企业由于开发产品单位价值高、建设周期长、负债经营程度高、涉税较多的特点，使其会计核算具有鲜明的行业特色。开发经营业务涉及面广，经济往来对象多，企业不仅因购销关系与设备、材料物资供应单位等发生经济往来，而且因工程的发包、招标与勘测设计单位、施工单位发生经济往来，还会因受托代建开发产品、出租开发产品等与委托单位和承租单位发生经济业务往来。企业除了土地和房屋开发外，还要建设相应的基础设施和公共配套设施，经营业务囊括了从征地、拆迁、勘测、设计、施工、销售到售后服务全过程。本书依据《中华人民共和国会计法》《企业会计准则》，以及与税收相关的法律法规编写，以案例为主，将业务案例与税法结合，可以帮助读者准确处理会计业务。

结构安排

全书共9章：第1章房地产开发企业经营模式，第2章增值税及其他税费的核算，第3章取得土地使用权阶段的财税处理，第4章开发阶段的财税处理，第5章房屋开发成本结转，第6章销售收入的核算，第7章所得税预征与汇算清缴，第8章土地增值税征收与清算，第9章财务报表的编制。

编写特色

◆ 突出流程。根据房地产开发企业会计核算特点，突出经营流程，从前期成本项目归集到销售收入核算，详解会计与税务的处理。

◆实操性强。针对具体业务进行账务处理,根据日常业务逐笔编制会计分录,使读者能够正确应用会计科目。

◆图文并茂。本书以大量的案例展现房地产开发企业经营业务,尽量用图、表形式呈现,适合零基础的读者,实现从"0"到"1"的飞跃。

读者对象

本书既可作为会计初学者的入门图书,也可作为高职高专财税专业教材,以及财务从业人员的岗位培训教材。

虽然我们力求完美,但由于时间有限,编写过程中难免存在着一些不足和遗憾,希望广大读者多提宝贵意见。邮箱 wcj19761010@126.com,欢迎交流。

编 者

目　录

第3章　取得土地使用权阶段的账税处理

第4章　开发阶段的账税处理

第5章　房屋开发成本结转

第6章　销售收入的核算

第7章　所得税预征与汇算清缴

第8章 土地增值税征收与清算

第9章 财务报表的编制

参考文献

第1章
房地产开发企业经营模式

房地产开发经营是指房地产开发企业在城市规划区内国有土地上进行基础设施建设、房屋建设，并转让房地产开发项目或者销售、出租商品房的行为。

1.1 房地产开发企业设立

房地产开发，是指在依法取得国有土地使用权的土地上进行基础设施、房屋建设的行为。从事房地产开发的企业如何设立？应按照《中华人民共和国城市房地产管理法》（2019 年修正）的规定办理。

第三十条　房地产开发企业是以营利为目的，从事房地产开发和经营的企业。设立房地产开发企业，应当具备下列条件：

（一）有自己的名称和组织机构；

（二）有固定的经营场所；

（三）有符合国务院规定的注册资本；

（四）有足够的专业技术人员；

（五）法律、行政法规规定的其他条件。

......

根据《中华人民共和国市场主体登记管理条例实施细则》（国家市场监督管理总局令第 52 号）第九条规定：

第九条　申请人应当依法申请登记下列市场主体类型：

（一）有限责任公司、股份有限公司；

（二）全民所有制企业、集体所有制企业、联营企业；

（三）个人独资企业；

（四）普通合伙（含特殊普通合伙）企业、有限合伙企业；

（五）农民专业合作社、农民专业合作社联合社；

（六）个人经营的个体工商户、家庭经营的个体工商户。

分支机构应当按所属市场主体类型注明分公司或者相应的分支机构。

1.1.1　房地产开发企业资质

为了加强房地产开发企业资质管理，规范房地产开发企业经营行为，中华人民共和国住房和城乡建设部（以下简称住房和城乡建设部）于 2000 年颁布《房地产开发企业资质管理规定》（中华人民共和国建设部令第 77 号）。2015 年，根据《住房和城乡建设部关于修改〈房地产开发企业资质管理规定〉等部门规章的决定》（中华人民共和国住房和城乡建设部令第 24 号）第一次修正；2018 年，根据《住房城乡建设部关于修改〈建筑业企业资质管理规定〉等部门规章的决定》（中华人民共和国住房和城乡建设部令第 45 号）第二次修正；2022 年，根据《住房和城乡建设部关于修改〈房地产开发企业资质管理规定〉的决定》（中华人民共和国住房和城乡建设部令第 54 号）第三次修正。下面具体介绍房地产开发企业资质规定。

根据《房地产开发企业资质管理规定》第三条规定："房地产开发企业应当按照本规定申请核定企业资质等级。未取得房地产开发资质等级证书（以下简称资质证书）的企业，不得从事房地产开发经营业务。"

根据《房地产开发企业资质管理规定》第五条第二款第一项规定，申请一级资质的企业应满足以下条件。

（一）一级资质：

1. 从事房地产开发经营 5 年以上；

2. 近 3 年房屋建筑面积累计竣工 30 万平方米以上，或者累计完成与此相当的房地产开发投资额；

3. 连续 5 年建筑工程质量合格率达 100%；

4. 上一年房屋建筑施工面积 15 万平方米以上，或者完成与此相当的房地产开发投资额；

5. 有职称的建筑、结构、财务、房地产及有关经济类的专业管理人员不少于 40 人，其中具有中级以上职称的管理人员不少于 20 人，持有专职会计人员不少于 4 人；

6. 工程技术、财务、统计等业务负责人具有相应专业中级以上职称；

7. 具有完善的质量保证体系，商品住宅销售中实行了《住宅质量保证书》和《住宅使用说明书》制度；

8. 未发生过重大工程质量事故。

根据《房地产开发企业资质管理规定》第五条第二款第二项规定，申请二级资质的企业应满足以下条件：

（二）二级资质：

1. 有职称的建筑、结构、财务、房地产及有关经济类的专业管理人员不少于 5 人，其中专职会计人员不少于 2 人；

2. 工程技术负责人具有相应专业中级以上职称，财务负责人具有相应专业初级以上职称，配有统计人员；

3. 具有完善的质量保证体系。

1.1.2　房地产开发企业如何申请资质

企业应根据《房地产开发企业资质管理规定》第七条的规定提交材料。

第七条　申请核定资质等级的房地产开发企业，应当提交下列材料：

（一）一级资质：

1. 企业资质等级申报表；

2. 专业管理、技术人员的职称证件；

3. 已开发经营项目的有关材料；

4.《住宅质量保证书》、《住宅使用说明书》执行情况报告，建立质量管理制度、具有质量管理部门及相应质量管理人员等质量保证体系情况说明。

（二）二级资质：

1. 企业资质等级申报表；

2. 专业管理、技术人员的职称证件；

3. 建立质量管理制度、具有质量管理部门及相应质量管理人员等质量保证体系情况说明。

《房地产开发企业资质管理规定》第八条规定：

第八条　房地产开发企业资质等级实行分级审批。

一级资质由省、自治区、直辖市人民政府住房和城乡建设主管部门初审，报国务院住房和城乡建设主管部门审批。

二级资质由省、自治区、直辖市人民政府住房和城乡建设主管部门或者其确定的设区的市级人民政府房地产开发主管部门审批。

经资质审查合格的企业，由资质审批部门发给相应等级的资质证书。资质证书有效期为 3 年。

申请核定资质的房地产开发企业，应当通过相应的政务服务平台提出申请。

1.1.3　房地产开发企业经营流程

房地产开发企业操作流程主要包括投资决策、规划设计、建设实施、竣工交付，如图 1-1 所示。

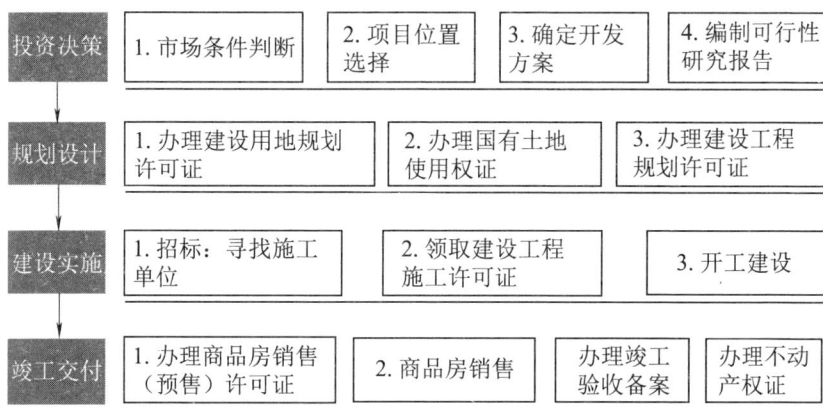

图 1-1　房地产企业开发流程

在房地产开发流程中，"五证"缺一不可，即建设用地规划许可证、国有土地使用权证、建设工程规划许可证、建设工程施工许可证、商品房销售（预售）许可证。

1. 第一步，投资决策

房地产开发企业通过对市场和政策分析，了解目标城市规划，明确重点投资区域，初步进行市场调研，提供竞争楼盘及周边配套分析等。确定开发方案，编制可行性研究报告，参加土地竞拍。

2. 第二步，规划设计

在房地产开发过程中，土地的取得是最重要的。企业获得土地的方式包括政府划拨或协议出让，投资参股、土地收购，以及在土地市场进行招标、拍卖、挂牌公开获得土地。企业取得土地后签署土地出让合同，办理建设用地规划许可证、建设工程施工许可证，领取国有土地使用权证，向设计单位招标，进行成本预算，支付首期土地使用权出让金。项目总体规划设计方案报政府有关部门审核批准，成立招投标小组，监理单位、总包单位招投标。

提示

（1）建设用地规划许可证是建设单位在向自然资源管理部门申请征用、划拨土地前，经城市规划行政主管部门确认建设项目位置和范围符合城市规划的法定凭证，是建设单位用地的法律凭证。

（2）国有土地使用权证是证明土地使用者（单位或个人）使用国有土地的法律凭证，受法律保护。

（3）建设工程规划许可证是有关建设工程符合城市规划要求的法律凭证，是建设单位建设工程的法律凭证，是建设活动中接受监督检查时的法定依据。没有此证的建设单位，其工程建筑是违章建筑，不能领取房地产权属证件。

（4）建设工程施工许可证，也称为建筑工程开工证，是建筑施工单位符合各种施工条件、允许开工的批准文件，是建设单位进行工程施工的法律凭证，也是房屋权属登记的主要依据之一。

（5）商品房销售（预售）许可证是市、县人民政府房地产行政管理部门允许房地产开发企业销售商品房的批准文件。

在此阶段，房地产开发企业应向政府相关部门办理手续，如图1-2所示。

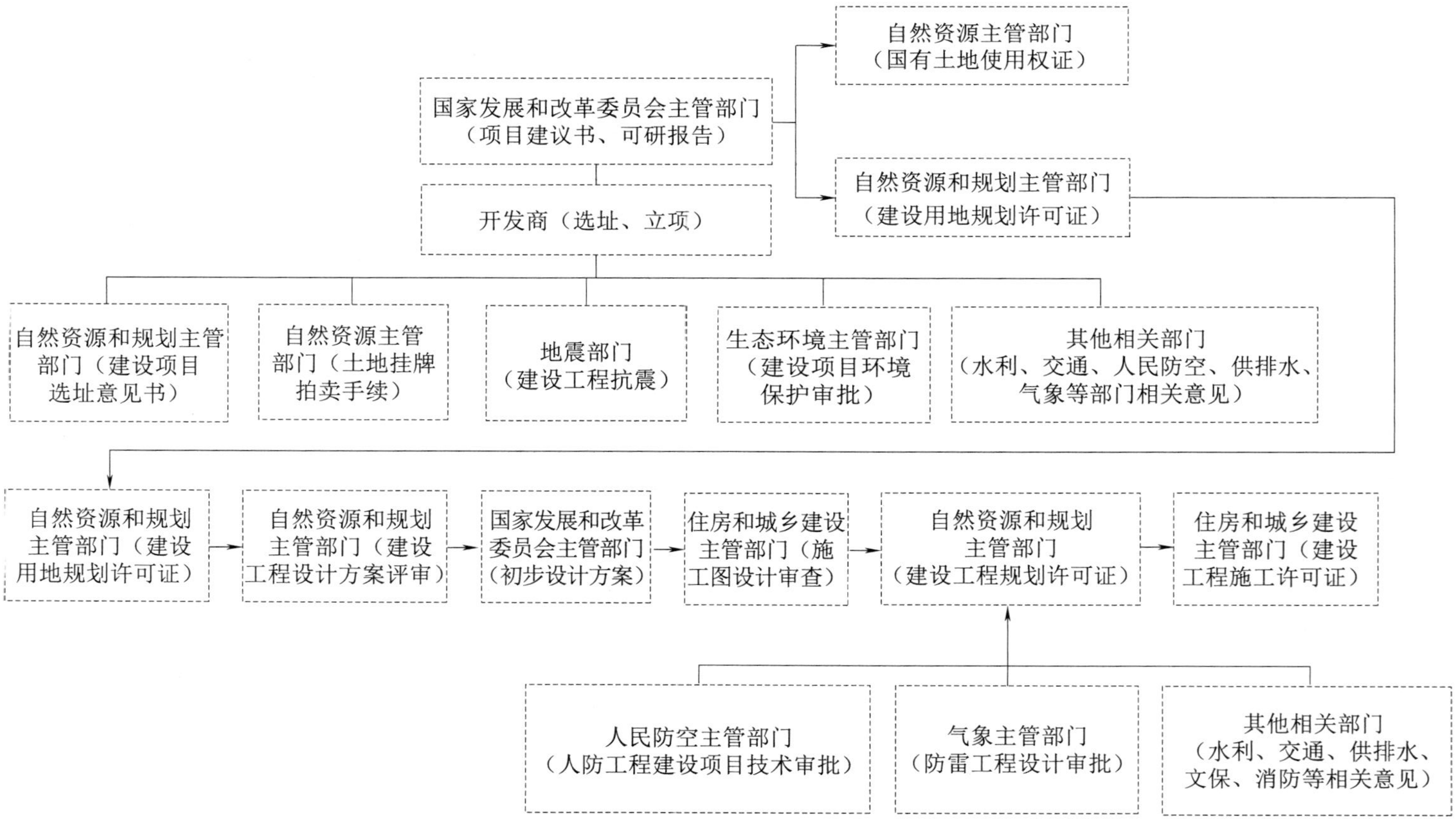

图 1-2 办理相关证件及涉及的部门（仅供参考）

3. 第三步，建设实施

企业取得建设工程施工许可证后，才可以进行项目施工，项目分包可进行招标，同时确定推广销售策略，资金不足可办理抵押贷款。

4. 第四步，竣工交付

建设工程竣工验收，进行工程结算，并取得商品房销售（预售）许可证，正式开盘，进行推广及销售活动。

第三、第四步中相关证件取得的流程，如图 1-3 所示。

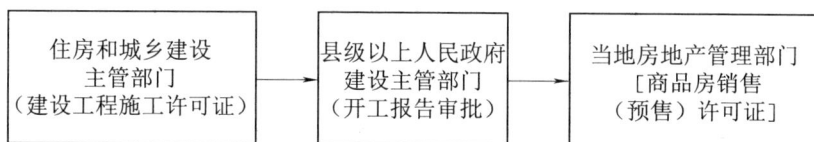

图 1-3　相关证件取得流程

5. 商品房销售方式

商品房销售有预售和现售两种方式。

（1）预售。目前开发商大多采用此种销售方式。

《中华人民共和国城市房地产管理法》（2019 年修正）第四十五条规定预售条件。

第四十五条　商品房预售，应当符合下列条件：

（一）已交付全部土地使用权出让金，取得土地使用权证书；

（二）持有建设工程规划许可证；

（三）按提供预售的商品房计算，投入开发建设的资金达到工程建设总投资的百分之二十五以上，并已经确定施工进度和竣工交付日期；

（四）向县级以上人民政府房产管理部门办理预售登记，取得商品房预售许可证明。

……

（2）现售。按照《商品房销售管理办法》第七条规定办理。

第七条　商品房现售，应当符合以下条件：

（一）现售商品房的房地产开发企业应当具有企业法人营业执照和房地产开发企业资质证书；

（二）取得土地使用权证书或者使用土地的批准文件；

（三）持有建设工程规划许可证和施工许可证；

（四）已通过竣工验收；

（五）拆迁安置已经落实；

（六）供水、供电、供热、燃气、通讯等配套基础设施具备交付使用条件，其他配套基础设施和公共设施具备交付使用条件或者已确定施工进度和交付日期；

（七）物业管理方案已经落实。

1.1.4 房地产开发企业生产经营的特殊性

房地产开发企业生产经营及其商品的特殊性决定了会计核算的特殊性。同其他行业相比，房地产开发企业的会计核算具有以下特点。

1. 开发产品收入的特殊性

房地产开发企业营业收入一般包括商品房销售收入、土地使用权转让收入、出租房屋租金收入、其他业务收入等。由于房地产开发产品价值高、开发周期长，需要大量的资金，销售往往采用预售办法。项目未完工，预售款项无法确认为收入，只能计入预收账款，造成收入与房屋交付期不一致。

一般来说，在房地产投资建设的初期往往面临资金投入大而收入较少的现象，但在建设后期资金投入相对较少而收入大量增加。

2. 开发产品成本的核算具有一定的特殊性

（1）核算难度大。房地产开发企业主要从事房地产开发建设活动，其生产成本主要指开发产品的成本，包括土地征用及拆迁补偿费、前期工程费、建筑安装工程费、基础设施费、公共配套设施费、开发间接费用及其他开发费用等。这些成本具备不同的特性、涉及不同的专业领域，从而导致成本核算难度大。

（2）核算时间跨度大。房地产项目开发的周期较长，少则一至两年，多则 5 年，使房地产成本费用核算的时间跨度很大。

（3）成本核算的差异较大。

3. 存货核算的特殊性

房地产开发企业的土地使用权是作为存货核算的，而其他企业拥有的土地使用权一般作为无形资产核算；房地产开发企业的存货的借款费用可以资本化。

4. 涉及税种较多

在整个开发过程中，房地产行业涉及税种包括增值税、企业所得税、土地增值税、个人所得税、城市维护建设税、教育费附加、车辆购置税、印花税、契税、耕地占用税、城镇土地使用税、房产税等。

1.2 房地产开发企业会计业务流程

房地产开发可将土地和房屋合在一起开发，也可将土地和房屋分开开发。经营房地产投入资金多，风险大，在项目的规划阶段，必须对项目的投资与成本费用进行准确估算，以便作出经济效益评价、投资决策。

房地产建设项目各项费用的构成复杂，变化因素多、不确定性大，依建设项目的类型不同而有其自身的特点，因此不同类型的建设项目，其投资和费用的构成有一定差异。

1.2.1 房地产开发项目总成本费用构成估算

一般房地产企业开发项目成本见表1-1。

表1-1 开发项目成本明细表（仅供参考）

分类单项序号		分类单项名称		工程量	费用总额	备　注
土地费用估算	1	土地使用权出让金（含拍卖费用）		—	—	—
	2	土地交易服务费		—	—	—
	3	城市建设配套费	商场	—	—	—
			住宅	—	—	—
			写字楼	—	—	—
			地下室	—	—	—
	4	拆迁补偿费		—	—	—
	5	拆迁许可证办证费		估算（含其他费用）		
合计				—	—	—

	分类单项序号		分类单项名称		工程量	费用总额	备　注
前期工程费	1	规划设计费		总图设计费	—	—	—
				建筑单体设计费	—	—	—
				施工图设计费	—	—	—
				特殊设计费	—	—	—
	2	可行性研究费			—	—	—
	3	"三通一平"（"五通一平"或"七通一平"）①费		通水费	—	—	—
				通电费	—	—	—
				通路费	—	—	—
				场地平整费	—	—	—
	4	项目测绘费		地形图测绘费	—	—	—
				道路红线规划费	—	—	—
				试放线费	—	—	—
				基础验线费	—	—	—
				验线费	—	—	—
				竣工测量费	—	—	—
	5	预算编制、审查费			—	—	—
	6	工程质量监督费			按工程造价计算		
	7	招投标管理费			—	—	—
	8	人民防空配套费（含地下室人民防空设计费）			—	—	—
	9	建设工程规划许可证费			—	—	—
	10	建设工程施工许可证费			—	—	—
	合计				—	—	—
房屋开发建设费	（一）建筑安装工程费	1	建筑工程费	结构工程	—	—	—
				建筑工程	—	—	—
				特殊外装修工程	—	—	—
		2	设备及安装费	给排水设备安装	—	—	—
				电气照明及设备安装	—	—	—
				空调通风设备及安装	—	—	—

———————

①"三通一平"是指通水、通电、通路和场地平整；"五通一平"是指通水、通电、通路、通信、通气、场地平整；"七通一平"是指通给水、通排水、通电、通路、通信、通燃气、通热力、场地平整）

分类	单项序号	分类单项名称		工程量	费用总额	备 注
房屋开发建设费	（一）建筑安装工程费	2 设备及安装费	弱电设备及安装	—	—	—
			电梯及安装	—	—	—
			消防设施设备	—	—	—
			其他设备安装	—	—	—
		3	室内装饰及配置	—	—	—
		4	施工图预算和标底编制费	—	—	—
		5	工程合同预算或标底审查费	—	—	—
		6	工程监理费	—	—	—
		7	竣工图编制费	—	—	—
		8	水增容费	—	—	—
		9	煤气开户及安装费	—	—	—
		10	用电开户及安装费	—	—	—
		11	平基土石方费（含基坑）	—	—	—
		12	边坡支护费	—	—	—
		13	水文地质勘查费	—	—	—
		合计		—	—	—
	（二）公共配套设施费	羽毛球、儿童游乐设施等（停车场、托儿所、公共厕所等）		—	—	—
	（三）基础设施费（含各项设施与市政设施干线、干道、干管的接口费用）	1	自来水	—	—	—
		2	污水	—	—	—
		3	煤气	—	—	—
		4	供电	—	—	—
		5	通信	—	—	—
		6	道路	—	—	—
		7	绿化	—	—	—
		8	环境卫生	—	—	—
		9	室外照明	—	—	—
		10	路牌	—	—	—
		11	宽带网	—	—	—
		12	闭路电视	—	—	—
		13	可视对讲	—	—	—
		合计		—	—	—

分类	分类单项序号	分类单项名称	工程量	费用总额	备　注
项目管理费	1	公司管理经费	—	—	—
	2	工会经费	—	—	—
	3	职工教育经费	—	—	—
	4	档案汇编及手续费	—	—	—
	5	咨询费	—	—	—
	6	噪声费	—	—	—
	7	治安费	—	—	—
	8	防雷设施	—	—	—
	9	渣土办证费（含清运费）	—	—	—
	10	排污费	—	—	—
	11	车辆维护费	—	—	—
	12	开办费摊销	—	—	—
	13	业务招待费	—	—	—
	14	报废损失	—	—	—
	15	办公行政费	—	—	—
	16	项目管理人员工资及奖金	—	—	—
合　计			—	—	—
销售费用	1	广告宣传费	—	—	—
	2	销售代理费	—	—	—
	3	销售机构的折旧费、修理费、物料消耗费	—	—	—
	4	销售人员工资、奖金、福利类	—	—	—
	5	差旅费	—	—	—
	6	预售许可证费（含预售测绘费）	—	—	—
	7	注册证办证费（含印花税、登记费、手续费等）	—	—	—
合　计			—	—	—

	分类单项序号	分类单项名称	工程量	费用总额	备 注
财务费用	1	借款利息	—	—	—
	2	金融机构手续费	—	—	—
	3	融资代理费	—	—	—
	4	外汇汇兑净损失	—	—	—
	5	其他财务费用	—	—	—
合 计			—	—	—
其他费用	1	合同公证费	—	—	—
	2	工程保险费	—	—	—
合 计			—	—	—
不可预见费	取费基数为前七大项之和		—	—	—
开发期间税费	1	增值税	—	—	—
	2	契税（土地）	—	—	—
	3	契税（拆迁安置、补偿）	—	—	—
	4	企业所得税	—	—	—
合 计			—	—	—
总 计			—	—	—

1.2.2 房地产开发涉及具体项目费用估算

1. 土地费用估算

根据《中华人民共和国城市房地产管理法》（2019 年修正）规定：

第八条 土地使用权出让，是指国家将国有土地使用权（以下简称土地使用权）在一定年限内出让给土地使用者，由土地使用者向国家支付土地使用权出让金的行为。

（1）土地使用权出让金。根据《中华人民共和国城市房地产管理法》（2019 年修正）规定：

第十三条　土地使用权出让，可以采取拍卖、招标或者双方协议的方式。

商业、旅游、娱乐和豪华住宅用地，有条件的，必须采取拍卖、招标方式；没有条件，不能采取拍卖、招标方式的，可以采取双方协议的方式。

采取双方协议方式出让土地使用权的出让金不得低于按国家规定所确定的最低价。

土地使用权出让金的底价估算一般可参照政府同期出让的类似地块的出让金数额并进行时间、地段、用途、临街状况、建筑容积率、土地出让年限、周围环境状况及土地现状等因素的修正得到；也可以依据政府颁布的城市基准地价或平均标定地价，根据项目用地所处的地段等级、用途、容积率、使用年限等因素修正得到。

（2）土地交易服务费。土地交易服务费是指在进行土地交易过程中，买卖双方需要向土地交易机构或相关部门缴纳的一定费用。该费用主要用于提供土地交易过程中的信息发布、组织交易、产权审核、资金监管、纠纷调解等公共服务，以保证土地交易的顺利进行。

（3）拆迁补偿费。拆迁补偿的方式可以实行货币补偿，也可以实行产权调换。货币补偿的金额，应根据被拆迁房屋的区位、用途、建筑面积等因素，以房地产市场评估价格确定；实行产权调换的，应计算被拆迁房屋的补偿金额和所调换房屋的价格，结清产权调换的差价。

（4）城市建设配套费。城市建设配套费是指政府为进行城市基础设施建设，向城市建设单位收取的专项费用。

（5）拆迁许可证办证费。房屋拆迁许可证是拆迁行为获得行政许可、拆迁人从事房屋拆迁的法律凭证。市、县级人民政府负责本行政区域的房屋征收与补偿工作。

2. 前期工程费

前期工程费主要包括开发项目的规划设计、可行性研究、"三通一平"（或"五通一平""七通一平"）等土地开发费用支出。

（1）项目规划设计、可行性研究所需的费用一般可按项目总投资的百分比估算。一般情况下，规划设计费为建筑安装工程费的3%左右，可行性研究费占项目总投资的0.1%~0.3%，水文、地质勘探所需的费用可根据工作量结合有关收费标准估算，一般为设计概算的 0.5% 左右。

（2）"三通一平"（"五通一平""七通一平"）等土地开发费用，主要包括地上原有建筑物，构筑物拆除费用。这些费用的估算可根据实际工作量，参照有关计费标准估算，一般为设计概算的 0.35%。

（3）其他费用不再赘述。

3. 房屋开发建设费

房屋开发建设费主要包括建筑安装工程费、公共配套设施费、基础设施费等。

（1）建筑安装工程费是指建造房屋建筑物所发生的建筑工程费用（结构、建筑、特殊装修工程费）、设备采购费用和安装工程费用（给排水、电气照明及设备安装、空调通风、弱电设备及安装、电梯及其安装、其他设备及安装）等。当房地产项目包括多个单项工程时，应对各个单项工程分别估算建筑安装工程费用。

（2）公共配套设施费是指居住小区内为居民服务配套建设的各种非营利性的配套设施的建设费用，主要包括居委会、派出所、幼儿园、公共厕所、停车场等。

（3）基础设施费是指建筑物两米以外和项目红线范围内的各种管线、道路工程的建设费用，主要包括自来水、雨水、污水、煤气、热力、供电、电信、道路、绿化、环境卫生、室外照明等设施的建设费用，各项设施与市政设施干线、干管、干道等的接口费用。一般按实际工程量估算。

4. 项目管理费

项目管理费是指房地产企业行政管理部门为组织和管理房地产项目的开发经营活动而发生的各种费用，主要包括：公司管理经费、工会经费、职工教育经费、档案汇编及手续费、咨询费、噪声费、治安费、防雷设施、渣土办证费（含清运费）、排污费、车辆维护费、开办费摊销、业务招待费、报废损失等。

管理费用可按项目投资或前期工程费与房屋开发建设费之和为基数的 3%～5% 估算。

5. 销售费用

销售费用是指开发项目在销售产品过程中发生的各项费用以及专设销售机构或委托销售代理的各项费用，主要包括如下三项：

（1）广告宣传费，约为销售收入的 2%～3%；

（2）销售代理费，约为销售收入的 1.5%～2%；

（3）其他销售费用，约为销售收入的 0.5%～1%。

以上各项合计，销售费用约占销售收入的 4%～6%。

6. 财务费用

财务费用是指房地产开发企业为筹集资金而发生的各项费用，主要包括借款利息、金融机构手续费、融资代理费、外汇汇兑净损失，以及企业为项目筹资发生的其他财务费用。

长期借款利息、流动资金借款利息应按借款还本付息估算。利息外的财务费用可按利息 10%估算。

7. 其他费用

其他费用主要包括合同公证费、工程保险费等。这些费用按当地有关部门规定的费率估算，一般约占投资额的 2%～3%。

8. 不可预见费

不可预见费包括备用金（不含工料价格上涨备用金）、不可预见的基础或其他附加工程增加的费用、不可预见的自然灾害增加的费用。它依据项目的复杂程度和前述各项费用估算的准确程度，以上述各项费用之和为基数，按 3%～5%计算。

9. 开发期间税费

开发项目投资估算应考虑项目在开发过程中所负担的各种税金和地方政府或有关部门征收的费用。在一些大中城市，这部分税费已成为开发建设项目投资构成中占较大比重的费用。各项税费应当根据当地有关法规标准估算。

1.2.3 开发项目涉税税种

房地产开发企业税种前文已介绍，在此不作赘述，具体情形见表 1-2。

表 1-2　房地产行业开发项目各阶段涉税税种（仅供参考）

阶段	涉及主要税费	税　率
土地征用阶段	耕地占用税	应按应税土地面积和规定的定额税率缴纳耕地占用税
	契税	按土地计税价格的 3%～5% 缴纳
	城镇土地使用税	按实际占用的土地面积和定额税率计算缴纳
	印花税	支付土地使用权出让金按照"产权转移书据"税目征收，税率为 5‰
开发建设阶段	增值税	采购材料 13% 缴纳或 1%（小规模纳税人）[①]
	城市维护建设税	按缴纳增值税税额的 1%、5%、7% 缴纳（具体税率以地方规定为准）
	教育费附加	按缴纳增值税税额的 3% 缴纳
	地方教育附加	按缴纳增值税税额的 2% 缴纳
	印花税	按工程合同金额的 0.3‰ 缴纳
	企业所得税	按适用税率缴纳
	个人所得税	企业职工工资薪金所得，按 3%～45% 的超额累进税率计算缴纳
销售转让阶段	增值税	一般纳税人按销售收入及预收账款金额的 9%（或 1% 预缴）缴纳；小规模纳税人按 5% 征收率计算应纳税额
	城市维护建设税	按缴纳增值税税额的 1%、5%、7% 缴纳
	教育费附加	按缴纳增值税税额的 3% 缴纳
	地方教育附加	按缴纳增值税税额的 2% 缴纳
	企业所得税	按适用税率计算缴纳
	土地增值税	采用先预缴，再清算的原则
	个人所得税	企业职工工资薪金所得，按 3%～45% 的超额累进税率计算缴纳
	印花税	按商品房购销合同金额的 0.3‰ 缴纳

---

① 根据《关于增值税小规模纳税人减免增值税政策的公告》（财政部 税务总局公告 2023 年第 19 号）规定："二、增值税小规模纳税人适用 3% 征收率的应税销售收入，减按 1% 征收率征收增值税；适用 3% 预征率的预缴增值税项目，减按 1% 预征率预缴增值税。"此政策延续至 2027 年 12 月 31 日。

阶段	涉及主要税费	税　　　率
使用阶段	房产税	按房产（自建自用）计税余值的 1.2% 缴纳；按房屋（自建出租）出租租金收入的 12% 缴纳
	增值税	一般纳税人按房屋租金收入的 9% 或 5% 缴纳
	城镇土地使用税	按使用房产实际占用面积和定额税率计算缴纳
	印花税	按房屋出租合同租金金额的 1‰ 缴纳
	企业所得税	按适用税率缴纳
	个人所得税	工资薪金所得，按 3%～45% 的超额累进税率计算缴纳
物业管理阶段	增值税	一般纳税人按物业管理服务费收入 6% 缴纳
	城市维护建设税	按缴纳增值税税额的 1%、5%、7% 缴纳
	教育费附加	按缴纳增值税税额的 3% 缴纳
	地方教育附加	按缴纳增值税税额的 2% 缴纳
	企业所得税	按适用税率缴纳
	个人所得税	工资薪金所得，按 3%～45% 的超额累进税率计算缴纳

1.2.4　会计科目的设置

1. 房地产企业会计科目设置

根据《企业会计准则》的规定，在不影响对外提供统一财务会计报告的前提下，企业可以根据实际情况自行增设某些会计科目。房地产开发企业可以增设以下专门核算房地产开发的会计科目：开发成本、开发间接费用、开发产品、出租开发产品、周转房等成本科目。房地产企业会计科目设置见表 1-3。

表 1-3　房地产会计科目设置

科目代码	一级科目	二级科目	三级科目	明细科目设置原则
1001	库存现金	—	—	涉及外币核算的，在"科目设置"中选择"外币核算"选项

科目代码	一级科目	二级科目	三级科目	明细科目设置原则
1002	银行存款	—	—	涉及外币核算的，在"科目设置"中选择"外币核算"选项
1012	其他货币资金	—	—	—
1012-01	其他货币资金	外埠存款	—	—
1012-02	其他货币资金	银行汇票	—	—
1012-03	其他货币资金	银行本票	—	—
1012-04	其他货币资金	信用卡	—	—
1012-05	其他货币资金	存出投资款	—	—
1012-06	其他货币资金	保证金	—	—
1101	交易性金融资产	—	—	按"成本""公允价值变动"设置明细科目
1101-01	交易性金融资产	成本	—	—
1101-02	交易性金融资产	公允价值变动	—	—
1121	应收票据	—	—	按票据类型设置明细
1121-01	应收票据	银行承兑汇票	—	—
1121-01-01	应收票据	银行承兑汇票	已背书未到期票据	—
1121-01-02	应收票据	银行承兑汇票	已贴现未到期票据	—
1121-02	应收票据	商业承兑汇票	—	—
1121-02-01	应收票据	商业承兑汇票	已背书未到期票据	—
1121-02-02	应收票据	商业承兑汇票	已贴现未到期票据	—
1122	应收账款	—	—	按应收账款性质设置二级明细
1122-01	应收账款	工程款	—	按不同项目类型的工程款项设置三级明细

科目代码	一级科目	二级科目	三级科目	明细科目设置原则
1122-01-01	应收账款	工程款	铁路	—
1122-01-02	应收账款	工程款	公路	—
1122-01-03	应收账款	工程款	市政	—
1122-01-04	应收账款	工程款	房屋建筑	—
1122-02	应收账款	质量保证金	—	—
1122-02-01	应收账款	质量保证金		
1122-02-01-01	应收账款	质量保证金	铁路	—
1122-02-01-02	应收账款	质量保证金	公路	—
1122-02-01-03	应收账款	质量保证金	房屋建筑	—
1122-02-01-04	应收账款	质量保证金	其他基建	—
1122-03	应收账款	劳务款	—	—
1123	预付账款	—	—	—
1123-01	预付账款	租赁	—	—
1124①	合同资产	—	—	—
1124-01	合同资产	工程款	—	—
1124-02	合同资产	材料款	—	—
1124-02-01	合同资产	材料款	工程施工原材料款	—
1124-02-02	合同资产	材料款	物资采购款	—
1124-03	合同资产	劳务费	—	—
1131	应收股利	—	—	—
1132	应收利息	—	—	根据金融工具的类别设置二级明细

① 因《企业会计准则第 14 号——收入（应用指南 2018）》未给出科目代码，故企业可根据需要，自行设置。

科目代码	一级科目	二级科目	三级科目	明细科目设置原则
1133	内部往来	—	—	—
1221	其他应收款	—	—	按照往来款的性质设置二级明细
1221-01	其他应收款	备用金	—	—
1221-02	其他应收款	保证金	—	—
1221-02-01	其他应收款	保证金	履约保证金	—
1221-02-02	其他应收款	保证金	投标保证金	—
1221-02-03	其他应收款	保证金	农民工工资保证金	—
1221-02-04	其他应收款	保证金	其他	—
1221-03	其他应收款	预付款项转入	—	—
1221-04	其他应收款	应收租金	—	—
1221-05	其他应收款	应收押金	—	—
1221-06	其他应收款	应收代缴税金	—	—
1221-07	其他应收款	其他	—	—
1231	坏账准备	—	—	—
1231-01	坏账准备	应收账款	—	—
1231-02	坏账准备	其他应收款	—	—
1231-03	坏账准备	预付款项	—	—
1231-04	坏账准备	长期应收款	—	—
1231-05	坏账准备	应收股利	—	—
1231-06	坏账准备	应收利息	—	—
1401	材料采购	—	—	可按照材料类别设置二级明细
1402	在途物资	—	—	可按照材料类别设置二级明细
1403	原材料	—	—	可按照材料类别设置二级明细
1403-01	原材料	主要材料	—	—
1403-02	原材料	辅助材料	—	—

科目代码	一级科目	二级科目	三级科目	明细科目设置原则
1403-03	原材料	外购半成品	—	—
1403-04	原材料	修理用备件	—	—
1403-05	原材料	包装材料	—	—
1403-06	原材料	其他	—	—
1410	开发产品	—	—	—
1411	周转材料	—	—	按照"在库""在用""摊销"设置二级明细
1411-01	周转材料	在库	—	—
1411-02	周转材料	在用	—	—
1411-03	周转材料	摊销	—	—
1471	存货跌价准备	—	—	根据存货性质设置二级明细
1471-01	存货跌价准备	原材料	—	—
1471-01-01	存货跌价准备	原材料	主要材料	—
1471-01-02	存货跌价准备	原材料	辅助材料	—
1471-01-03	存货跌价准备	原材料	外购半成品	—
1471-01-04	存货跌价准备	原材料	包装材料	—
1471-01-05	存货跌价准备	原材料	燃料	—
1471-01-06	存货跌价准备	原材料	其他	—
1484	合同资产减值准备	—	—	—
1501	债权投资	—	—	按照"成本""应计利息""利息调整"设置二级明细
1501-01	债权投资	成本	—	—
1501-02	债权投资	应计利息	—	—
1501-03	债权投资	利息调整	—	—
1502	债权投资减值准备	—	—	—

续上表

科目代码	一级科目	二级科目	三级科目	明细科目设置原则
1503	其他债权投资	—	—	按照"成本""应计利息""利息调整""公允价值变动"设置二级明细
1503-01	其他债权投资	成本	—	—
1503-02	其他债权投资	应计利息	—	—
1503-03	其他债权投资	利息调整	—	—
1503-04	其他债权投资	公允价值变动	—	—
1504	其他债权投资减值准备	—	—	—
1511	长期股权投资	—	—	按照"成本法""权益法"设置二级明细
1511-01	长期股权投资	对子公司投资	—	—
1511-02	长期股权投资	对联营企业投资	—	—
1511-02-01	长期股权投资	对联营企业投资	成本	—
1511-02-02	长期股权投资	对联营企业投资	损益调整	—
1511-02-03	长期股权投资	对联营企业投资	其他权益变动	—
1511-03	长期股权投资	对合营企业投资	—	—
1511-03-01	长期股权投资	对合营企业投资	成本	—
1511-03-02	长期股权投资	对合营企业投资	损益调整	—
1511-03-03	长期股权投资	对合营企业投资	其他权益变动	—
1512	长期股权投资减值准备	—	—	—
1512-01	长期股权投资减值准备	子公司	—	—
1512-02	长期股权投资减值准备	联营企业	—	—

科目代码	一级科目	二级科目	三级科目	明细科目设置原则
1512-03	长期股权投资减值准备	合营企业	—	—
1521	投资性房地产	—	—	按照投资性房地产不同类别设置二级明细
1521-01	投资性房地产	房屋建筑物	—	—
1521-02	投资性房地产	土地使用权	—	—
1531	长期应收款	—	—	按照应收款性质设置二级明细
1532	未实现融资收益	—	—	按照不同性质设置二级明细
1601	固定资产	—	—	按照固定资产类别设置二级明细
1601-01	固定资产	房屋及建筑物	—	—
1601-02	固定资产	施工设备	—	—
1601-03	固定资产	运输设备	—	—
1601-04	固定资产	办公设备	—	—
1601-05	固定资产	其他	—	—
1602	累计折旧	—	—	按照固定资产类别设置二级明细
1602-01	累计折旧	房屋及建筑物	—	—
1602-02	累计折旧	施工设备	—	—
1602-03	累计折旧	运输设备	—	—
1602-04	累计折旧	办公设备	—	—
1602-05	累计折旧	其他	—	—
1603	固定资产减值准备	—	—	按照固定资产类别设置二级明细
1603-01	固定资产减值准备	房屋及建筑物	—	—

科目代码	一级科目	二级科目	三级科目	明细科目设置原则
1603-02	固定资产减值准备	施工设备	—	—
1603-03	固定资产减值准备	运输设备	—	—
1603-04	固定资产减值准备	办公设备	—	—
1603-05	固定资产减值准备	其他	—	—
1604	在建工程	—	—	根据在建工程性质设置二级明细
1604-01	在建工程	建筑工程	—	—
1604-02	在建工程	安装工程	—	—
1604-03	在建工程	待摊支出	—	—
1604-03-01	在建工程	待摊支出	土地征用及拆迁补偿费	—
1604-03-02	在建工程	待摊支出	"三通一平"费用	—
1604-03-03	在建工程	待摊支出	临时设施费	—
1604-03-04	在建工程	待摊支出	招投标费	—
1604-03-05	在建工程	待摊支出	税金	—
1604-03-06	在建工程	待摊支出	其他	—
1605	工程物资	—	—	按照工程物资性质设置二级明细
1605-01	工程物资	专用材料	—	—
1605-02	工程物资	专用设备	—	—
1605-03	工程物资	工器具	—	—
1605-04	工程物资	其他	—	—
1606	固定资产清理	—	—	—
1607	在建工程减值准备	—	—	—

科目代码	一级科目	二级科目	三级科目	明细科目设置原则
1701	无形资产	—	—	按照无形资产性质设置二级明细
1701-01	无形资产	专利权	—	—
1701-02	无形资产	土地使用权	—	—
1701-03	无形资产	其他	—	—
1702	累计摊销	—	—	—
1702-01	累计摊销	专利权	—	—
1702-02	累计摊销	土地使用权	—	—
1702-03	累计摊销	其他	—	—
1703	无形资产减值准备	—	—	—
1711	商誉	—	—	可按照被合并单位设置二级明细
1712	商誉减值准备	—	—	可按照被合并单位设置二级明细
1801	长期待摊费用	—	—	按照待摊费用"原值""摊销"设置二级明细
1801-01	长期待摊费用	原值	—	按照性质设置三级明细
1801-01-01	长期待摊费用	原值	经营租入改良支出	—
1801-01-02	长期待摊费用	原值	其他	—
1811	递延所得税资产	—	—	按照递延所得税资产性质设置二级明细
1811-01	递延所得税资产	可抵扣亏损	—	—
1811-02	递延所得税资产	固定资产折旧	—	—
1811-03	递延所得税资产	应收质保金折现	—	—

科目代码	一级科目	二级科目	三级科目	明细科目设置原则
1811-04	递延所得税资产	子公司投资收益	—	—
1811-05	递延所得税资产	其他	—	—
1901	待处理财产损溢	—	—	按照待处理财产损益性质设置二级明细
1901-01	待处理财产损溢	待处理流动资产损溢	—	—
1901-02	待处理财产损溢	待处理非流动资产损溢	—	—
2001	短期借款	—	—	按照短期借款性质设置二级明细
2001-01	短期借款	信用借款	—	—
2001-02	短期借款	抵押贷款	—	—
2001-03	短期借款	质押贷款	—	—
2001-03-01	短期借款	质押贷款	票据贴现	—
2001-03-02	短期借款	质押贷款	应收账款保理	—
2001-03-03	短期借款	质押贷款	其他	—
2101	交易性金融负债	—	—	按照"本金""公允价值变动"设置二级明细
2201	应付票据	—	—	按照应付票据设置二级明细
2201-01	应付票据	银行承兑汇票	—	—
2201-02	应付票据	商业承兑汇票	—	—
2202	应付账款	—	—	按照应付账款性质设置二级明细
2202-01	应付账款	应付工程款	—	—
2202-02	应付账款	应付质量保证金	—	—

科目代码	一级科目	二级科目	三级科目	明细科目设置原则
2202-02-01	应付账款	应付质量保证金	原值	—
2202-02-02	应付账款	应付质量保证金	折现	—
2202-03	应付账款	内部结算	—	—
2202-04	应付账款	应付材料款	—	—
2202-05	应付账款	应付设备款	—	—
2202-06	应付账款	应付劳务款	—	—
2202-07	应付账款	应付租赁费	—	—
2202-08	应付账款	其他	—	—
2204①	合同负债	—	—	—
2204-01	合同负债	工程款	—	—
2204-02	合同负债	劳务款	—	—
2204-03	合同负债	材料款	—	—
2204-03-01	合同负债	材料款	工程施工原材料款	—
2204-03-02	合同负债	材料款	物资采购款	—
2203	预收账款	—	—	—
2211	应付职工薪酬	—	—	—
2211-01	应付职工薪酬	工资、奖金、津贴和补贴	—	—
2211-02	应付职工薪酬	福利费用	—	—
2211-02-01	应付职工薪酬	福利费用	货币性福利	—
2211-02-02	应付职工薪酬	福利费用	非货币性福利	—
2211-03	应付职工薪酬	社会保险	—	—
2211-03-01	应付职工薪酬	社会保险	基本养老保险	—
2211-03-02	应付职工薪酬	社会保险	补充养老保险	—
2211-03-03	应付职工薪酬	社会保险	基本医疗保险	—
2211-03-04	应付职工薪酬	社会保险	补充医疗保险	—

① 因《企业会计准则第 14 号——收入（应用指南 2018）》未给出科目代码，故企业可根据需要，自行设置。

科目代码	一级科目	二级科目	三级科目	明细科目设置原则
2211-03-05	应付职工薪酬	社会保险	失业保险	—
2211-03-06	应付职工薪酬	社会保险	工伤保险	—
2211-03-07	应付职工薪酬	社会保险	生育保险	—
2211-04	应付职工薪酬	商业保险	—	—
2211-05	应付职工薪酬	住房公积金	—	—
2211-06	应付职工薪酬	工会经费	—	—
2211-07	应付职工薪酬	职工教育经费	—	—
2211-08	应付职工薪酬	劳务派遣费	—	—
2211-09	应付职工薪酬	其他	—	—
2221	应交税费	—	—	按照应交增值税性质设置二级明细
2221-01	应交税费	应交增值税	—	按照应交增值税性质设置三级明细
2221-01-01	应交税费	应交增值税	进项税额	—
2221-01-02	应交税费	应交增值税	已交税金	—
2221-01-03	应交税费	应交增值税	转出未交增值税	—
2221-01-04	应交税费	应交增值税	转出多交增值税	—
2221-01-05	应交税费	应交增值税	销项税额抵减	—
2221-01-06	应交税费	应交增值税	减免税款	—
2221-01-07	应交税费	应交增值税	销项税额	—
2221-01-08	应交税费	应交增值税	出口退税	—
2221-01-09	应交税费	应交增值税	进项税额转出	—
2221-02	应交税费	未交增值税	—	—
2221-03	应交税费	预交增值税	—	—
2221-04	应交税费	待抵扣进项税额	—	—
2221-05	应交税费	待认证进项税额	—	—

科目代码	一级科目	二级科目	三级科目	明细科目设置原则
2221-06	应交税费	待转销项税额	—	—
2221-07	应交税费	增值税留抵税额	—	—
2221-08	应交税费	简易计税	—	—
2221-08-01	应交税费	简易计税	计税抵减	—
2221-08-02	应交税费	简易计税	预交	—
2221-08-03	应交税费	简易计税	计提	—
2221-08-04	应交税费	简易计税	未交	—
2221-08-05	应交税费	简易计税	待转	—
2221-09	应交税费	转让金融商品应交增值税	—	—
2221-10	应交税费	代扣代交增值税	—	—
2221-11	应交税费	应交消费税	—	—
2221-12	应交税费	应交出口关税	—	—
2221-13	应交税费	应交进口关税	—	—
2221-14	应交税费	应交资源税	—	—
2221-15	应交税费	应交企业所得税	—	—
2221-16	应交税费	应交个人所得税	—	—
2221-17	应交税费	应交土地增值税	—	—
2221-18	应交税费	应交房产税	—	—
2221-19	应交税费	应交城镇土地使用税	—	—
2221-20	应交税费	应交车船使用税	—	—
2221-21	应交税费	应交城市维护建设税	—	—

科目代码	一级科目	二级科目	三级科目	明细科目设置原则
2221-22	应交税费	应交教育费附加	—	—
2221-23	应交税费	应交地方教育附加	—	—
2221-24	应交税费	应交地方性基金	—	—
2221-25	应交税费	印花税	—	—
2231	应付利息	—	—	—
2232	应付股利	—	—	可按支付股利的对象或类型设置二级明细
2241	其他应付款	—	—	按照应付款性质设置二级明细
2241-01	其他应付款	保证金	—	—
2241-01-01	其他应付款	保证金	履约保证金	—
2241-01-02	其他应付款	保证金	投标保证金	—
2241-01-03	其他应付款	保证金	农民工工资保证金	—
2241-01-04	其他应付款	保证金	项目安全保证金	—
2241-02	其他应付款	应付租金	—	—
2241-03	其他应付款	代扣个人社保费	—	—
2241-03-01	其他应付款	代扣个人社保费	基本养老保险	—
2241-03-02	其他应付款	代扣个人社保费	补充养老保险	—
2241-03-03	其他应付款	代扣个人社保费	补充医疗保险	—
2241-03-04	其他应付款	代扣个人社保费	失业保险	—
2241-04	其他应付款	代扣个人住房保证金	—	—

科目代码	一级科目	二级科目	三级科目	明细科目设置原则
2241-05	其他应付款	应付押金	—	—
2241-06	其他应付款	应付赔款	—	—
2241-07	其他应付款	诚意金	—	—
2241-08	其他应付款	应付暂收款	—	—
2241-09	其他应付款	暂收单位负担社保金		按照社保金性质设置三级明细
2241-09-01	其他应付款	暂收单位负担社保金	基本养老保险	—
2241-09-02	其他应付款	暂收单位负担社保金	补充养老保险	—
2241-09-03	其他应付款	暂收单位负担社保金	基本医疗保险	—
2241-09-04	其他应付款	暂收单位负担社保金	补充医疗保险	—
2241-09-05	其他应付款	暂收单位负担社保金	失业保险	—
2241-09-06	其他应付款	暂收单位负担社保金	工伤保险	—
2241-09-07	其他应付款	暂收单位负担社保金	生育保险	—
2241-10	其他应付款	暂收单位负担公积金	—	—
2401	递延收益	—	—	—
2401-01	递延收益	国家拨入专门用途款项	—	—
2401-01-01	递延收益	国家拨入专门用途款项	搬迁补偿	—
2401-01-02	递延收益	国家拨入专门用途款项	其他	—
2501	长期借款	—	—	按照"本金""利息调整"设置二级明细
2501-01	长期借款	本金		

科目代码	一级科目	二级科目	三级科目	明细科目设置原则
2501-02	长期借款	利息调整	—	—
2502	应付债券	—	—	按照"面值""利息调整"设置二级明细
2701	长期应付款	—	—	按照应付款性质设置二级明细
2702	未确认融资费用	—	—	
2711	专项应付款	—	—	按照款项用途设置二级明细
2801	预计负债	—	—	按预计负债事项设置二级明细
2801-01	预计负债	对外提供担保	—	—
2801-02	预计负债	未决诉讼	—	—
2801-03	预计负债	亏损合同	—	—
2801-04	预计负债	产品质量保证	—	—
2801-05	预计负债	弃置费用	—	—
2901	递延所得税负债	—	—	—
2901-01	递延所得税负债	固定资产折旧	—	—
2901-02	递延所得税负债	资产评估增值	—	—
2901-03	递延所得税负债	应付质保金折现	—	—
2901-04	递延所得税负债	公允价值调整	—	—
2901-05	递延所得税负债	其他	—	—
3001	内部往来	—	—	按照上下级和内部单位间往来设置二级明细

科目代码	一级科目	二级科目	三级科目	明细科目设置原则
4001	实收资本（股本）	—	—	按照实收资本或股本来源设置二级明细
4002	资本公积	—	—	—
4002-01	资本公积	资本（或股本）溢价	—	—
4002-02	资本公积	其他资本公积	—	—
4004	其他综合收益	—	—	根据性质设置二级明细
4101	盈余公积	—	—	按照盈余公积设置二级明细
4101-01	盈余公积	法定盈余公积	—	—
4101-02	盈余公积	任意盈余公积	—	—
4103	本年利润			
4104	利润分配	—	—	按照利润分配性质设置二级明细
4104-01	利润分配	提取法定盈余公积	—	—
4104-02	利润分配	提取任意盈余公积	—	—
4104-03	利润分配	应付利润或股利	—	—
4104-04	利润分配	提取储备金	—	—
4104-05	利润分配	其他	—	—
4301	专项储备	—	—	—
5301	研发支出	—	—	按照研发支出性质设置二级明细
5011	开发成本	—	—	—
5011-01	开发成本	土地征用及拆迁补偿费	—	按补偿性质设置三级明细科目
5011-02	开发成本	土地开发成本	—	按土地开发性质设置三级明细科目

科目代码	一级科目	二级科目	三级科目	明细科目设置原则
5011-03	开发成本	前期工程费	—	按前期工程费性质设置三级明细科目
5011-04	开发成本	建筑安装工程费	—	按建筑安装工程费性质设置三级明细科目
5011-05	开发成本	公共配套设施费	—	按公共配套设施建设费性质设置三级明细科目
5011-06	开发成本	开发间接费用	—	按开发间接费用性质设置三级明细科目
6001	主营业务收入	—	—	
6051	其他业务收入	—	—	
6101	公允价值变动损益	—	—	
6111	投资收益	—	—	按照投资收益性质设置二级科目
6211	其他收益	—	—	—
6301	营业外收入	—	—	按照收入项目设置二级明细
6301-01	营业外收入	非流动资产处置利得	—	—
6301-01-01	营业外收入	非流动资产处置利得	固定资产处置利得	
6301-01-02	营业外收入	非流动资产处置利得	无形资产处理利得	
6301-02	营业外收入	税费返还	—	—
6301-03	营业外收入	违约金收入	—	—
6301-04	营业外收入	负商誉	—	—
6301-05	营业外收入	其他	—	—
6401	主营业务成本	—	—	—
6402	其他业务成本	—	—	—
6403	税金及附加	—	—	—

科目代码	一级科目	二级科目	三级科目	明细科目设置原则
6403-01	税金及附加	消费税	—	—
6403-02	税金及附加	城市维护建设税	—	—
6403-03	税金及附加	资源税	—	—
6403-04	税金及附加	教育附加费	—	—
6403-05	税金及附加	房产税	—	—
6403-06	税金及附加	土地使用税	—	—
6403-07	税金及附加	车船使用税	—	—
6403-08	税金及附加	印花税	—	—
6601	销售费用	—	—	*按照费用性质设置二级明细*
6601-01	销售费用	职工薪酬	—	—
6601-01-01	销售费用	职工薪酬	工资	—
6601-01-02	销售费用	职工薪酬	福利费	—
6601-01-03	销售费用	职工薪酬	其他	—
6601-02	销售费用	劳动保护费	—	—
6601-03	销售费用	运输费	—	—
6601-04	销售费用	广告费	—	—
6601-05	销售费用	招投标费	—	—
6601-06	销售费用	办公费	—	—
6601-07	销售费用	水电费	—	—
6601-08	销售费用	业务招待费	—	—
6601-09	销售费用	其他	—	—
6602	管理费用	—	—	*按照费用性质设置二级明细*
6602-01	管理费用	工资	—	—
6602-01-01	管理费用	工资	社会保险	—
6602-01-02	管理费用	工资	住房公积金	—
6602-01-03	管理费用	工资	工会经费	—

科目代码	一级科目	二级科目	三级科目	明细科目设置原则
6602-01-04	管理费用	工资	职工教育经费	—
6602-01-05	管理费用	工资	职工福利	—
6602-01-06	管理费用	工资	辞退福利	—
6602-02	管理费用	折旧费	—	—
6602-03	管理费用	摊销费	—	—
6602-04	管理费用	业务招待费	—	—
6602-05	管理费用	差旅交通费	—	—
6602-06	管理费用	会议费	—	—
6602-07	管理费用	办公费	—	—
6602-08	管理费用	党建工作经费	—	—
6602-09	管理费用	其他	—	—
6603	财务费用	—	—	按照费用性质设置二级明细
6603-01	财务费用	利息支出	—	—
6603-01-01	财务费用	利息支出	借款利息支出	—
6603-01-02	财务费用	利息支出	应付质保金折现利息	—
6603-01-03	财务费用	利息支出	短期融资券利息费用	—
6603-01-04	财务费用	利息支出	票据贴现利息	—
6603-01-05	财务费用	利息支出	履约保证金折现费用	—
6603-01-06	财务费用	利息支出	其他	—
6603-02	财务费用	利息收入	—	—
6603-02-01	财务费用	利息收入	存款利息收入	—
6603-02-02	财务费用	利息收入	应收质保折现的利息收入	—
6603-03	财务费用	汇兑损益	—	—
6603-04	财务费用	票据贴现	—	—
6603-05	财务费用	现金折扣	—	—

科目代码	一级科目	二级科目	三级科目	明细科目设置原则
6603-06	财务费用	其他	—	—
6606	资产处置损益	—	—	—
6701	资产减值损失	—	—	—
6711	营业外支出	—	—	—
6711-01	营业外支出	非流动资产处置损失	—	—
6711-01-01	营业外支出	非流动资产处置损失	固定资产处置净损失	—
6711-01-02	营业外支出	非流动资产处置损失	无形资产处置净损失	—
6711-01-03	营业外支出	非流动资产处置损失	在建工程处置净损失	—
6711-01-04	营业外支出	非流动资产处置损失	其他	—
6711-02	营业外支出	债务重组损失	—	—
6711-03	营业外支出	罚没支出	—	—
6711-04	营业外支出	捐赠支出	—	—
6711-05	营业外支出	固定资产盘亏	—	—
6711-06	营业外支出	赔偿金	—	—
6711-07	营业外支出	违约金	—	—
6801	所得税费用	—	—	—
6801-01	所得税费用	当期所得税费用	—	—
6801-01-01	所得税费用	当期所得税费用	当期	—
6801-01-02	所得税费用	当期所得税费用	以前年度所得税调整	—
6801-02	所得税费用	递延所得税费用	—	—

科目代码	一级科目	二级科目	三级科目	明细科目设置原则
6901	以前年度损益调整	—	—	—
6901-01	以前年度损益调整	一般调整事项	—	—
6901-02	以前年度损益调整	重大会计差错	—	—

2. 新增会计科目

根据《企业会计准则第 14 号——收入（应用指南 2018）》，增加"合同履约成本""合同资产""合同负债"等科目。

（1）"合同履约成本"科目核算企业为履行当前或预期取得的合同所发生的，应当确认为一项资产的成本。按照合同，分别以"服务成本""工程施工"等进行明细核算如图 1-4 所示。

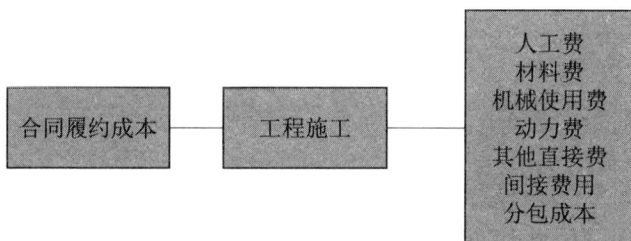

图 1-4 "合同履约成本"科目核算内容

按照《企业会计准则第 14 号——收入》（财会〔2017〕22 号）（以下简称新收入准则）的相关规定确认为资产的合同履约成本，应当根据合同履约成本科目的明细科目初始确认时摊销期限是否超过一年或一个正常营业周期，在"存货"或"其他非流动资产"中填列，已计提减值准备的，还应减去"合同履约成本减值准备"科目中相关的期末余额后的金额填列。

（2）合同资产，是指企业已向客户转让商品而有权收取对价的权利，且该权利取决于时间流逝之外的其他因素。如企业向客户销售两项可明确区分的商品，企业因已交付其中一项商品而有权收取款项，但收取该款项还取决于企业交付另一项商品的，企业应当将该收款权利作为合同资产。

企业应当根据本企业履行履约义务与客户付款之间的关系，在资产负债表中列示合同资产或合同负债。企业拥有的、无条件（即，仅取决于时间流逝）向客户收取对价的权利应当作为应收款项单独列示。

（3）合同负债是指企业已收或应收客户对价而应向客户转让商品的义务。如果企业尚未将商品转让给客户，但客户已支付了对价或者企业已经拥有一项无条件的收取对价金额的权利，则企业应当在客户付款或付款到期时，将向客户转让商品的合同义务列报为一项合同负债。

第 2 章
增值税及其他税费的核算

　　房地产开发企业增值税及其他税费业务比较复杂，涉及房地产开发经营整个流程。

2.1　增值税基础知识

　　本节介绍增值税纳税人、征税范围、税率和征收率、进项税额、销项税额、留抵退税、检查调整等内容。

2.1.1　增值税纳税人、征税范围、税率和征收率

1. 纳税人

　　在中华人民共和国境内销售自行开发的房地产项目的企业，为增值税纳税人。

　　自行开发，是指在依法取得土地使用权的土地上进行基础设施和房屋建设。

房地产开发企业以接盘等形式购入未完工的房地产项目继续开发后,以自己的名义立项销售的,也属于销售自行开发的房地产项目。

2. 征税范围

(1) 销售不动产属于增值税征税项目。

房地产开发企业销售自行开发的房地产项目适用销售不动产税目。

销售不动产,是指转让不动产所有权的业务活动。不动产,是指不能移动或者移动后会引起性质、形状改变的财产,包括建筑物、构筑物等。

建筑物,包括住宅、商业营业用房、办公楼等可供居住、工作或者进行其他活动的建造物。

构筑物,包括道路、桥梁、隧道、水坝等建造物。

转让建筑物有限产权或者永久使用权的,转让在建的建筑物或者构筑物所有权的,以及在转让建筑物或者构筑物时一并转让其所占土地的使用权的,按照销售不动产缴纳增值税。

(2) 所销售的不动产在境内,属于在境内销售不动产。

(3) 单位或者个人向其他单位或者个人无偿转让不动产,视同销售服务不动产,但用于公益事业或者以社会公众为对象的除外。

3. 税率和征收率

(1) 税率。房地产开发企业中的一般纳税人销售自行开发的房地产项目税率为9%。

(2) 征收率。房地产开发企业中的小规模纳税人销售自行开发的房地产项目,以及一般纳税人按规定可选择简易计税方法的,征收率为5%。

根据《国家税务总局关于发布〈房地产开发企业销售自行开发的房地产项目增值税征收管理暂行办法〉的公告》(国家税务总局公告2016年第18号)(以下简称国家税务总局公告2016年第18号)、《财政部 税务总局 海关总署关于深化增值税改革有关政策的公告》(财政部 税务总局 海关总署公告2019年第39号),房地产开发企业增值税计税方法及税率,见表2-1。

表 2-1 房地产开发企业增值税计税方法及税率表

纳税人	计税方法	税率或征收率	预缴税率
一般纳税人	一般	9%	3%
	简易	5%	3%
小规模纳税人	简易	5%	3%

（3）预征率。房地产开发企业采取预收款方式销售自行开发的房地产项目，应在收到预收款时按照 3% 的预征率预缴增值税，见表 2-2。

表 2-2 房地产开发企业预缴税款对比简表

需要预缴情况	采用预收款方式销售	销售老项目一般计税
预缴地点	机构所在地	不动产所在地
预缴公式	应预缴税款＝预收款÷（1＋9%）×3%	

需要注意的是，小规模纳税人采取预收款方式销售自行开发的房地产项目，应在收到预收款时按照 3% 的预征率预缴增值税。应预缴税款按照以下公式计算：

应预缴税款＝预收款÷（1＋5%）×3%

2.1.2 增值税会计科目的设置

增值税一般纳税人应当在"应交税费"科目下设置"应交增值税""未交增值税""预交增值税""待抵扣进项税额""待认证进项税额""待转销项税额""增值税留抵税额""简易计税""转让金融商品应交增值税""代扣代交增值税"等明细科目；小规模纳税人只需在"应交税费"科目下设置"应交增值税"明细科目，不需要设置上述专栏及除"转让金融商品应交增值税""代扣代交增值税"外的明细科目。

1. 企业增值税基本会计科目设置

根据《关于印发〈增值税会计处理规定〉的通知》（财会〔2016〕22 号）文件规定，一般纳税人企业增值税相关会计科目设置，见表 2-3。

表 2-3　一般企业增值税基本会计科目设置明细表

科目代码	一级科目	二级科目	三级科目	四级科目
2221	应交税费	—	—	—
222101	应交税费	应交增值税	—	—
22210101	应交税费	应交增值税	进项税额	—
2221010101	应交税费	应交增值税	进项税额	13%税率
2221010102	应交税费	应交增值税	进项税额	9%税率
2221010103	应交税费	应交增值税	进项税额	6%税率
2221010104	应交税费	应交增值税	进项税额	10%税率
2221010105	应交税费	应交增值税	进项税额	3%征收率
2221010106	应交税费	应交增值税	进项税额	其他
22210102	应交税费	应交增值税	已交税金	—
22210103	应交税费	应交增值税	减免税款	—
22210104	应交税费	应交增值税	转出未交增值税	—
22210105	应交税费	应交增值税	销项税额抵减	—
22210106	应交税费	应交增值税	出口抵减内销产品应纳税额	—
22210107	应交税费	应交增值税	销项税额	—
22210108	应交税费	应交增值税	进项税额转出	—
22210109	应交税费	应交增值税	出口退税	—
22210110	应交税费	应交增值税	转出多交增值税	—
222102	应交税费	预交增值税	—	—
22210201	应交税费	预交增值税	一般预交	—
22210202	应交税费	预交增值税	简易预交	—
222103	应交税费	待抵扣进项税额	—	—
222104	应交税费	待认证进项税额	—	—
222105	应交税费	待转销项税额	—	—
222106	应交税费	简易计税	—	—
22210601	应交税费	简易计税	简易预交	—
22210602	应交税费	简易计税	待扣税款	—
22210603	应交税费	简易计税	补缴税款	—

科目代码	一级科目	二级科目	三级科目	四级科目
22210604	应交税费	简易计税	未交税款	—
222107	应交税费	转让金融商品应缴增值税	—	—
222108	应交税费	代扣代交增值税	—	—
222109	应交税费	未交增值税	—	—

增值税二级科目及专栏释义，见表 2-4。

表 2-4　增值税二级科目及专栏释义

项　　目		含　　义
应交增值税	"进项税额"专栏	记录准予从当期销项税额中抵扣的增值税额
	"已交税金"专栏	记录一般纳税人当月已交纳的应交增值税额
	"减免税款"专栏	记录一般纳税人按现行增值税制度规定准予减免的增值税额
	"转出未交增值税"专栏	记录一般纳税人月度终了转出当月应交未交增值税额
	"销项税额抵减"专栏	记录一般纳税人按照现行增值税制度规定因扣减销售额而减少的销项税额
	"出口抵减内销产品应纳税额"专栏	记录实行"免、抵、退"办法的一般纳税人按规定计算的出口货物的进项税抵减内销产品的应纳税额
	"销项税额"专栏	记录一般纳税人销售货物、加工修理修配劳务、服务、无形资产或不动产应收取的增值税额
	"进项税额转出"专栏	记录因非正常损失及其他原因而不应从销项税额中抵扣、按规定转出的进项税额
	"出口退税"专栏	记录一般纳税人出口货物、加工修理修配劳务、服务、无形资产按规定退回的增值税额
	"转出多交增值税"专栏	记录一般纳税人月度终了转出当月多交的增值税额
"预交增值税"明细科目		核算采用预收款方式销售自行开发的房地产项目等，以及其他按现行增值税制度规定应预缴的增值税额

项　目	含　义
"待抵扣进项税额"明细科目	核算一般纳税人已取得增值税扣税凭证并经税务机关认证，按照现行增值税制度规定准予以后期间从销项税额中抵扣的进项税额
"待认证进项税额"明细科目	核算一般纳税人由于未经税务机关认证而不得从当期销项税额中抵扣的进项税额
"待转销项税额"明细科目	核算在会计上已确认收入但根据税法规定尚未发生增值税纳税义务需于以后期间确认为销项税额的增值税额
"简易计税"明细科目	核算一般纳税人采用简易计税方法发生的增值税计提、扣减、预缴、缴纳等业务
"转让金融商品应交增值税"明细科目	核算增值税纳税人转让金融商品发生的增值税额
"代扣代交增值税"明细科目	核算纳税人购进在境内未设经营机构的境外单位或个人在境内的应税行为代扣代缴的增值税
"未交增值税"明细科目	核算一般纳税人月度终了从"应交增值税"或"预交增值税"明细科目转入当月应交未交、多交或预缴的增值税额，以及当月交纳以前期间未交的增值税额

小规模纳税人只需在"应交税费"科目下设置"应交增值税""转让金融商品应交增值税""代扣代交增值税"明细科目，没有要求必须设置专栏及更多科目。当然为了账务清楚、更好地服务业务，鼓励小规模纳税人设置更多辅助核算科目。

2. 增值税借贷方科目专栏

增值税会计核算有一个典型的特征，会计明细科目分专栏核算，借方专栏永远只能在借方，不在贷方核算；贷方专栏只能在贷方，不在借方专栏核算。遇到退货、退回或其他情况，所购货物应冲销调账的，用红字登记。具体借方、贷方专栏见表 2-5。

表 2-5　应交增值税科目专栏明细表

增值税借方科目专栏		增值税贷方科目专栏	
1	进项税额	1	销项税额
2	已交税金	2	出口退税

增值税借方科目专栏		增值税贷方科目专栏	
3	减免税款	3	进项税额转出
4	出口抵减内销产品应纳税额	4	转出多交增值税
5	销项税额抵减	—	—
6	转出未交增值税	—	—

集团企业可以采取总分机构汇总纳税的方式，在"应交税费"科目下可能要设立更多符合企业业务需要的二级或三级科目，也可以通过"往来科目"记录总部机构及分支机构的增值税汇缴或清算。

2.1.3　增值税电子发票的种类

根据《国务院关于修改和废止部分行政法规的决定》（中华人民共和国国务院令第 764 号）第十一条规定：

十一、将《中华人民共和国发票管理办法》第三条增加一款，作为第二款："发票包括纸质发票和电子发票。电子发票与纸质发票具有同等法律效力。国家积极推广使用电子发票。"

……

1. 全面数字化电子发票

全面数字化电子发票（以下简称全电发票）是与纸质发票具有同等法律效力的全新发票，不以纸质形式存在、不用介质支撑、无须申请领用、发票验旧及申请增版增量。纸质发票的票面信息全面数字化，将多个票种集成归并为电子发票单一票种，全电发票实行全国统一赋码、自动流转交付。

（1）开具全电发票，纳税人无须使用税控专用设备、发票票种核定、领用发票，登录电子税务局直接开票，流程如下。

登录电子税务局→我要办税→开票业务→蓝字发票开具→立即开票→选择票类→电子专票/普票→填入信息→发票开具→下载。

（2）全电发票交付方式有以下几种：一是通过电子发票服务平台税务数字账户自动交付，销售方开具发票后，系统默认将数电票文件及数据自动交付至购买方的税务数字账户，购买方可在税务数字账户中下载所需要的数电票文件；二是通过电子邮件、二维码等方式自行交付。而交付样式（xml 格式或 pdf、ofd 版式文件格式）可根据需要由交付方自行选择。

（3）纳税人下载全电发票时，应对全电发票文件规范命名，便于后续处理。例如：以"dzfp_全电发票号码_下载时间"命名，如"dzfp_22442000000922030206_20221104153434.pdf"等。

（4）全电发票报销方式有两种：一是线上报销；二是线下报销。已建设业务系统和报销系统的单位可通过在线方式完成。对于没有应用报销系统，或是报销系统尚不具备报销审批功能的单位，数电票的报销审批、归集、登记等流程一般通过纸质报销单采用线下方式进行。

（5）全电发票保管人员或负责报销的会计人员，应建立全电发票归集文件夹，文件夹以"年份＋月份"命名，妥善保管集中归集的全电发票，并建立接收的全电发票台账。

2. 电子发票

电子发票，是指在经营活动中开具或收取的、数据电文形式的收付款凭证，即电子形式的发票。电子发票，采用税务局统一发放的形式给商家使用，其法律效力、基本用途、基本使用规定等，与税务机关监制的增值税发票相同。

《关于在新办纳税人中实行增值税专用发票电子化有关事项的公告》（国家税务总局公告2020年第22号）规定：

二、电子专票由各省税务局监制，采用电子签名代替发票专用章，属于增值税专用发票，其法律效力、基本用途、基本使用规定等与增值税纸质专用发票（以下简称"纸质专票"）相同。……

三、电子专票的发票代码为12位，编码规则：第1位为0，第2—5位代表省、自治区、直辖市和计划单列市，第6—7位代表年度，第8—10位代表批次，第11—12位为13。发票号码为8位，按年度、分批次编制。

四、自各地专票电子化实行之日起，本地区需要开具增值税纸质普通发票、增值税电子普通发票（以下简称"电子普票"）、纸质专票、电子专票、纸质机动车销售统一发票和纸质二手车销售统一发票的新办纳税人，统一领取税务UKey开具发票。税务机关向新办纳税人免费发放税务UKey，并依托增值税电子发票公共服务平台，为纳税人提供免费的电子专票开具服务。

五、税务机关按照电子专票和纸质专票的合计数，为纳税人核定增值税专用发票领用数量。电子专票和纸质专票的增值税专用发票（增值税税控系统）最高开票限额应当相同。

六、纳税人开具增值税专用发票时，既可以开具电子专票，也可以开具纸质专票。受票方索取纸质专票的，开票方应当开具纸质专票。

七、纳税人开具电子专票后，发生销货退回、开票有误、应税服务中止、销售折让等情形，需要开具红字电子专票的，按照以下规定执行：

（一）购买方已将电子专票用于申报抵扣的，由购买方在增值税发票管理系统（以下简称"发票管理系统"）中填开并上传《开具红字增值税专用发票信息表》（以下简称《信息表》），填开《信息表》时不填写相对应的蓝字电子专票信息。

购买方未将电子专票用于申报抵扣的，由销售方在发票管理系统中填开并上传《信息表》，填开《信息表》时应填写相对应的蓝字电子专票信息。

（二）税务机关通过网络接收纳税人上传的《信息表》，系统自动校验通过后，生成带有"红字发票信息表编号"的《信息表》，并将信息同步至纳税人端系统中。

（三）销售方凭税务机关系统校验通过的《信息表》开具红字电子专票，在发票管理系统中以销项负数开具。红字电子专票应与《信息表》一一对应。

（四）购买方已将电子专票用于申报抵扣的，应当暂依《信息表》所列增值税税额从当期进项税额中转出，待取得销售方开具的红字电子专票后，与《信息表》一并作为记账凭证。

房地产开发企业在收到预收款时，可以向购房者开具增值税普通发票，在开具增值税普通发票时暂选择"零税率"开票，金额为实际收到的预收款。在发票"备注栏"上列明合同约定面积、价格、房屋全价，同时注明"预收款，不作为产权交易凭据"。在开具发票次月申报期内，通过增值税预缴税款表进行申报，按照规定预缴增值税。预收款所开发票金额不在增值税纳税申报表附表附列资料（一）中反映。在申报当期增值税时，不再将已经预缴税款的预收款通过申报表进行体现，将来正式确认收入开具不动产销售发票时也不再进行红字冲回。在交房时，按所售不动产全款开具增值税发票，按规定申报纳税。

2.1.4 增值税专用发票认证方式

实务中，发票认证主要有以下几种方式：

（1）网上"勾选认证"。网上认证比较方便，效率较高。

（2）自购终端"扫描认证"。企业可购买增值税专用发票认证专用设备，每年有服务费，相对便利一些。自行认证通不过的，可以去办税大厅通过税务机关工作人员认证。

（3）去办税大厅"扫描认证"。不具备上述条件的纳税人可以选择去税务局大厅进行"扫描认证"，一般通过办税大厅的自助认证终端进行，也可以通过大厅前台工作人员认证。经常需要排队，时间成本较高。

2.2 进项税额管理

进项税额，是指纳税人购进货物、加工修理修配劳务、服务、无形资产或者不动产，支付或者负担的增值税额。增值税一般纳税人，才涉及进项税额的抵扣，增值税小规模纳税人不能抵扣进项税额。

2.2.1 进项税额抵扣的条件

纳税人取得的增值税扣税凭证不符合法律、行政法规或者国家税务总局有关规定的，其进项税额不得从销项税额中抵扣。

准予从销项税额中抵扣的进项税额，应至少同时具备以下条件：

（1）发生允许从销项税额中抵扣进项税额的购进行为；

（2）取得合法有效的增值税扣税凭证；

（3）只有应税行为的代扣代缴税款可以凭完税凭证抵扣，且需要具备书面合同、付款证明和境外的对账单或者发票。否则，进项税额不得从销项税额中抵扣。

2.2.2 可抵扣进项税额的有效凭证

增值税进项税额抵扣有认证抵扣和计算抵扣两种方式，而增值税的抵扣是针对一般纳税人而言，小规模纳税人不得抵扣进项税额。增值税抵扣凭证种类见表 2-6。

表 2-6　增值税抵扣凭证种类

抵扣凭证种类	出具方	抵扣金额	备注
增值税专用发票	销售方或通过税务机关代开	注明的增值税税额	——
增值税电子普通发票	销售方或通过税务机关代开	注明的增值税税额	适用于纳税人取得的客运服务、道路通行费增值税电子发票的抵扣

抵扣凭证种类	出具方	抵扣金额	备注
机动车销售统一发票	销售方	注明的增值税税额	—
税收缴款凭证	税务机关	注明的增值税税额	预缴税款、代扣代缴税收缴款、接受境外单位或者个人提供的应税服务时适用
道路、桥、闸通行费	高速公路及一级、二级公路依法收取通行费的相关单位	增值税电子普通发票上注明的增值税额	（1）只有桥、闸的通行费抵扣属于计算抵扣； （2）收费公路通行费增值税电子普通发票需要经过认证才能抵扣
	桥、闸等依法收取通行费的相关单位	桥、闸通行费发票上注明的金额÷（1+5%）×5%	
省级以上（含）财政部门监（印）制的财政票据	政府相关部门	票据上注明的金额÷（1+9%）×9%	财政票据不是严格意义上的抵扣凭证，但却是房地产行业销售额的扣除项目
注明旅客身份信息的航空运输电子客票行程单、火车票、汽车票等	客运服务提供方	（1）航空旅客运输进项税额=（票价+燃油附加费）÷（1+9%）×9% （2）铁路旅客运输进项税额=票面金额÷（1+9%）×9% （3）公路、水路等其他旅客运输进项税额=票面金额÷（1+3%）×3%	（1）对于取得未注明旅客身份信息的出租票、公交车票等，不得计算抵扣； （2）纳税人取得客运服务增值税电子普通发票的，为发票上注明的税额

2.2.3 进项税额抵扣项目

进项税额主要看取得抵扣凭证上注明的金额，见表2-7。

表 2-7　增值税抵扣一览表

具体项目	一般纳税人提供		小规模纳税人提供		备　　注
	抵扣税率	是否需要专用发票	税率	是否需要专用发票	
外购实物发放福利	—	否	—	否	原则是用于集体福利和个人消费的不允许抵扣；外购实务用于生产经营用部分可分摊抵扣
员工商业保险、劳动保护用品（职业必备）	6%或13%	是	3%	是	一般指生产过程中使用的，购买的相关物品。强调"职业必备"，不是"福利类"
劳务派遣员工	全额开票6%	是	全额开票3%	是	"人力资源外包""保安服务"可以适用"劳务派遣相关政策"
	差额开票5%	是	差额开票5%	是	
职工教育经费	存在13%、9%、6%不同情形	是	3%	是	职工教育经费不同的列支对象，税率不同
培训费	6%	是	3%	是	不与培训费同时开具一张发票的，如餐费、车票费、培训资料费等，单独适用相应税率
购书款、资料费、印刷费	9%、13%	是	3%	是	注意"印刷费"与"摄影扩印"的区别，后者属于居民日常服务项目，不得抵扣增值税进项税额
办公用品、低值易耗品、绿植采购、电费、软件、油费	13%	是	3%	是	油费（用于班车等福利类的不得抵扣）

具体项目	一般纳税人提供		小规模纳税人提供		备　　注
	抵扣税率	是否需要专用发票	税率	是否需要专用发票	
花卉、植物租赁、车辆租赁、设备租赁、办公设备租赁	13%	是	3%	是	属于有形动产租赁税目
财产保险	6%	是	3%	是	可以抵扣
水费	3%或13%	是	3%	是	一般纳税人供水单位可能会选择简易计税方法
暖气、冷气、热水、煤气、石油液化气、天然气	13%或9%	是	3%	是	强调生产经营用,用于福利性职工宿舍或食堂的要进行分摊转出
办公楼租赁	9%或5%	是	5%	是	一般纳税人老项目可能会选择简易计税方法
装饰装修、修缮	9%或3%	是	3%	是	一般纳税人老项目可能会选择简易计税方法
动产修理	13%	是	3%	是	比如单位公车、打印机及其他机器设备的维修服务等
物业费	6%	是	3%	是	水电费应单列
年报审计、税务鉴证、法律鉴证、工程造价鉴证、资产评估、环境评估、图审等	6%	是	3%	是	—

具体项目	一般纳税人提供		小规模纳税人提供		备　注
	抵扣税率	是否需要专用发票	税率	是否需要专用发票	
财务顾问、税务顾问、法律顾问、项目可行性研究等	6%	是	3%	是	—
高速公路、一级公路、二级公路通行费增值税电子发票	3%（试点前高速公路减按3%）、9%、5%（试点前的可选简易计税）	否	3%或5%	否	按照电子发票金额认证抵扣。小规模纳税人为3%
桥、闸通行费	9%、5%（试点前的可选简易计税）	否	5%	否	建立台账、计算抵扣
出差中购买的单程商业保险	6%	是	3%	是	—
股息红利	—	否		否	—
不动产和不动产在建工程	9%或5%	是	5%	是	（1）专用于集体福利的不能抵扣（不含混用），但是考虑到未来有可能改变用途，用于生产经营管理，则建议同样要求取得增值税专用发票，账务上先做转出处理； （2）取得老项目可以选择简易计税方法
固定资产、无形资产（混用、专用于应税项目）	13%和6%	是	3%	是	无形资产是6%

具体项目	一般纳税人提供		小规模纳税人提供		备 注
	抵扣税率	是否需要专用发票	税率	是否需要专用发票	
固定资产、无形资产（专用于简易计税项目）	—	否	—	否	取得之后认证，入账转出进项税额
周转材料、临时设施、项目设备支出（非简易项目）	13%	是	3%	是	—
周转材料、临时设施、项目设备支出（简易项目）	—	是	—	是	（1）未来可能会用于非简易项目；（2）取得之后认证、入账转出进项税额
监理、设计服务	6%	是	3%	是	—
材料运输	9%	是	3%	是	—

2.2.4 不得抵扣进项税额的其他情形

有下列情形之一者，应当按照销售额和增值税税率计算应纳税额，不得抵扣进项税额，也不得使用增值税专用发票：

①一般纳税人会计核算不健全，或者不能够提供准确税务资料的；

②应当办理一般纳税人资格登记而未办理的。

一般纳税人销售自行开发的房地产项目，兼有一般计税方法计税、简易计税方法计税、免征增值税的房地产项目而无法划分不得抵扣的进项税额的，应以建设工程施工许可证注明的"建设规模"为依据进行划分。

不得抵扣的进项税额＝当期无法划分的全部进项税额×（简易计税、免税房地产项目建设规模÷房地产项目总建设规模）

可以抵扣的进项税额计算公式如下：

可以抵扣的进项税额＝当期进项税额－当期无法划分进项税额

【例 2-1】2024 年 4 月，皇冠房地产有限公司开发银福商品房项目，可供销售建筑面积 80 000 平方米，在同一地块，同时配建政府公租房二期项目，建筑面积为 20 000 平方米。当月共计发生人力资源外包支付不含税金额 5 900 万元，劳务派遣公司开具增值税专用发票不含税金额 2 500 万元，增值税普通发票不含税金额 3 400 万元。该笔人工费用商品房、公租房项目无法合理划分。

由于公租房为免征增值税项目，银福商品房、公租房二期项目无法划分进项税额；同时劳务派遣公司采取差额纳税计算方法，因此，劳务派遣适用差额征税。

进项税额＝2 500×5％＝125（万元）

不得抵扣的进项税额＝当期无法划分的全部进项税额×简易计税、免税房地产项目建设规模÷房地产项目总建设规模＝2 500×5％×20 000÷（20 000＋80 000）＝25（万元）

可以抵扣的进项税额＝125－25＝100（万元）

借：主营业务成本——人力成本　　　　　　　　58 000 000
　　应交税费——应交增值税（进项税额）　　　　1 000 000
　　贷：银行存款　　　　　　　　　　　　　　　　59 000 000

【例 2-2】新丽园房地产开发有限公司为增值税一般纳税人，2019 年通过招标方式取得一宗土地，该项目一次开发。2024 年开工，建设工程施工许可证注明的"建设规模"40 000 平方米，取得开工时间为 2024 年 1 月的建筑工程施工许可证 60 000 平方米，其中：公共配套设施等不可售面积 5 000 平方米。支付公共配套设施工程款时取得增值税专用发票上注明的增值税额为 200 万元。

房地产开发企业是选择简易计税方法，还是一般计税方法计算缴纳增值税，取决于其开发的项目为新项目还是老项目。

不得抵扣的进项税额＝当期无法划分全部进项税额×简易计税、免税房地产项目建设规模÷房地产项目总建设规模

不得抵扣的进项税额＝200×40 000÷（40 000＋60 000）

＝200×40 000÷100 000

＝80（万元）

可以抵扣的进项税额＝200－80＝120（万元）

会计处理如下：

（1）从销售方取得增值税专用发票时。

借：应交税费——应交增值税（进项税额）　　　 2 000 000

　　贷：银行存款　　　　　　　　　　　　　　　　 2 000 000

（2）月底计算不得抵扣进项税额时。

借：开发成本　　　　　　　　　　　　　　　　　 800 000

　　贷：应交税费——应交增值税（进项税额转出）　 800 000

（3）按照上述公式，对不得抵扣的进项税额进行清算时，假定年底又取得建设工程施工许可证注明面积为 5 000 平方米。按照相关规定，主管税务机关可以按照上述公式依据年度数据不得抵扣的进项税额进行清算。则：

$$不得抵扣进项税额 = 200 \times [40\,000 \div (40\,000 + 60\,000 + 5\,000)]$$
$$= 200 \times 40\,000 \div 105\,000$$
$$= 76.19（万元）$$

比原计算不得抵扣进项税额少 3.81 万元（80−76.19），冲减成本。

借：应交税费——应交增值税（进项税额）　　　　 38 100

　　贷：开发成本　　　　　　　　　　　　　　　　 38 100

2.3　销项税额管理

房地产开发企业中的一般纳税人销售自行开发的房地产项目，适用一般计税方法计税，按照取得的全部价款和价外费用，扣除当期销售房地产项目对应的土地价款后的余额计算销售额。

2.3.1　土地价款抵减销项税额的账务处理及纳税申报

房地产开发企业中的一般纳税人销售其开发的房地产项目（选择简易计税方法的房地产老项目外），在取得土地时向其他单位或个人支付的拆迁补偿费用也允许在计算销售额时扣除。纳税人按上述规定扣除补偿费用时，应提供拆迁协议、拆迁双方支付和取得拆迁补偿费用凭证等证明拆迁补偿用真实性材料。

房地产开发企业通过竞标方式取得的军用土地使用权用于房地产开发，支付土地价款时，企业取得省级以上财政部门监（印）制的财政票据，其支付的土地价款可按规定扣除。

土地使用权出让金通常是指各级政府土地管理部门将土地使用权出让给土地使用者，按规定向买受人收取的土地出让的全部价款。土地使用权出让金根据批租地块的条件，可以分为"熟地"（指经过征地、拆迁和市政基础设施投入，可直接用于建设的土地）、"毛地"（指尚未经过拆迁安置补偿等土地开发过程、不具备基本建设条件的土地）或"生地"（指尚未出让、拍卖、划拨土地使用权的土地）价格，其票据由财政部门出具。

对于房地产企业来说，通过"招标、拍卖、挂牌"获得土地使用金时取得财政票据，一般纳税人销售其开发的房地产项目（选择简易计税方法的房地产老项目除外），以取得的全部价款和价外费用，扣除受让土地时向政府部门支付的土地价款后的余额为销售额。

1. 一般计税方法下土地使用权出让金返还的账务处理

根据规定，房地产开发企业中的一般纳税人销售自行开发的房地产项目，适用一般计税方法计税，按照取得的全部价款和价外费用，扣除当期销售房地产项目对应的土地价款后的余额计算销售额。销售额的计算公式如下：

销售额＝（全部价款和价外费用－当期允许扣除的土地价款）÷（1＋9%）

当期允许扣除的土地价款按照以下公式计算：

当期允许扣除的土地价款＝（当期销售房地产项目建筑面积÷房地产项目可供销售建筑面积）×支付的土地价款

当期销售房地产项目建筑面积，是指当期进行纳税申报的增值税销售额对应的建筑面积。

房地产项目可供销售建筑面积，是指房地产项目可以出售的总建筑面积，不包括销售房地产项目时未单独作价结算的配套公共设施的建筑面积。

支付的土地价款，是指向政府、土地管理部门或受政府委托收取土地价款的单位直接支付的土地价款。

企业发生相关成本费用允许扣减销售额的账务处理，取得合规增值税扣税凭证且纳税义务发生时，按照允许抵扣的税额，借记"应交税费—应交增值税（销项税额抵减）"，贷记"主营业务成本"科目。

但是，土地价款的扣除是在确认销售额的时候，也就是纳税义务发生的时候，并不是一定要在支付土地价款的同时进行相关增值税的处理。因此实务中也可以采用以下方法进行账务处理：

（1）收到土地价款时。

借：开发成本——A项目

　　贷：银行存款

（2）当把预收款转为收入时候，或者完全确认收入时。

第一步，结转收入。

借：合同负债

　　贷：应交税费——应交增值税（销项税额）

　　　　主营业务收入

第二步，抵减土地价款的销项税额。

借：应交税费——应交增值税（销项税额抵减）

　　贷：主营业务成本（借方红字）

【例2-3】图诺房地产开发有限公司将开发竣工的一幢办公楼销售给星昊公司，价税合计为2 180万元，开具全额增值税发票。土地成本为545万元。

①取得土地时会计处理。

借：开发成本——土地征用及拆迁补偿费　　　　5 450 000

　　贷：银行存款　　　　　　　　　　　　　　　　5 450 000

②开发产品销售达到增值税义务发生时的会计处理。

借：应收账款　　　　　　　　　　　　　21 800 000

　　贷：主营业务收入　　　　　　　　　　　20 000 000

　　　　应交税费——应交增值税（销项税额）　　1 800 000

③抵减土地成本，$545 \div (1 + 9\%) \times 9\% = 45$（万元）

借：应交税费——应交增值税（销项税额抵减）　　450 000

　　贷：主营业务成本　　　　　　　　　　　　　450 000

（或借方红字）

　　房地产开发企业中的一般纳税人销售其开发的房地产项目（选择简易计税方法的房地产老项目除外），在取得土地时向其他单位或个人支付的拆迁补偿费用也允许在计算销售额时扣除。纳税人按上述规定扣除拆迁补偿费用时，应提供拆迁协议、拆迁双方支付和取得拆迁补偿费用凭证等能够证明拆迁补偿费用真实性的材料。

　　另外，支付的土地价款是指向政府、土地管理部门或受政府委托收取土地价款的单位直接支付的土地价款，土地价款应当取得省级以上（含省级）

财政部门监（印）制的财政票据。

《财政部 国家税务总局关于明确金融 房地产开发 教育辅助服务等增值税政策的通知》（财税〔2016〕140号）又进一步扩大了扣除范围：

"八、房地产开发企业（包括多个房地产开发企业组成的联合体）受让土地向政府部门支付土地价款后，设立项目公司对该受让土地进行开发，同时符合下列条件的，可由项目公司按规定扣除房地产开发企业向政府部门支付的土地价款。

（一）房地产开发企业、项目公司、政府部门三方签订变更协议或补充合同，将土地受让人变更为项目公司；

（二）政府部门出让土地的用途、规划等条件不变的情况下，签署变更协议或补充合同时，土地价款总额不变；

（三）项目公司的全部股权由受让土地的房地产开发企业持有。

"向政府部门支付土地价款"，包括土地受让人向政府部门支付的征地和拆迁补偿费用、土地前期开发费用和土地出让收益等。

需要注意的是，根据上述政策，"向政府部门支付的土地价款"中并不包括契税。

企业应建立备查簿，登记项目、可售建筑面积、土地使用权出让金、按规定支付的土地价款、可抵减销项税额等数据。

《国家税务总局关于土地价款扣除时间等增值税征管问题的公告》（国家税务总局公告2016年第86号）第五条进一步明确："……'当期销售房地产项目建筑面积''房地产项目可供销售建筑面积'，是指计容积率地上建筑面积，不包括地下车位建筑面积。"

【例2-4】温岭房地产公司2024年1月的销售额是66 490万元，购买土地的总价款是8 720万元，该公司是一般纳税人，可供销售的建筑面积是300万平方米，当期销售房地产项目建筑面积是150万平方米。

借：银行存款 664 900 000
　　贷：主营业务收入 610 000 000
　　　　应交税费——应交增值税（销项税额） 54 900 000
当期允许扣除的土地价款＝150÷300×8 720＝4 360（万元）
土地价款允许抵减的销项税额＝4 360÷（1＋9%）×9%＝360（万元）
借：应交税费——应交增值税（销项税额抵减） 3 600 000

贷：主营业务成本　　　　　　　　　　　　　　　　3 600 000

　　一般纳税人应建立台账登记土地价款扣除情况，扣除的土地价款不得超过纳税人实际支付的土地价款。台账格式见表2-8，扣除明细见表2-9。

表 2-8　土地价款销售额扣除台账　　　　　　单位：万元

简易计税确权面积	一般计税确权面积（平方米）	合计（平方米）	入账土地价款	无有效票据的土地价款	有效票据的土地价款	简易计税土地价款	一般计税土地价款	备注
0	300	300	8 720	0	8 720	0	8 720	—

表 2-9　土地价款销售额扣除明细表　　　　　　单位：万元

日期	楼号	房号	确权面积（平方米）	土地价款分摊比率	分摊土地价款	销项税额抵减	简易计税/一般计税	备注
2024 年 1 月	＊＊	＊＊	150	50%	4 360	360	—	—

2. 简易计税方法下土地使用权出让金的处理

　　一般纳税人销售自行开发的房地产老项目，可以选择适用简易计税方法按照5%的征收率计税。一经选择简易计税方法计税的，36个月内不得变更为一般计税方法计税。

　　房地产老项目，是指：

　　（1）建设工程施工许可证注明的合同开工日期在2016年4月30日前的房地产项目；

　　（2）建设工程施工许可证未注明合同开工日期或者未取得建设工程施工许可证，但建筑工程承包合同注明的开工日期在2016年4月30日前的建筑工程项目。

　　需要注意的是，一般纳税人销售自行开发的房地产老项目适用简易计税方法计税的，以取得的全部价款和价外费用为销售额，不得扣除对应的土地价款。

　　房地产开发企业中的小规模纳税人，销售自行开发的房地产项目，按照5%的征收率计税。自2019年11月1日起，取消一般纳税人简易办法征收备案，取消后由纳税人通过办理申报直接享受，无须再报税务机关备案或核准。

销售额计算公式如下：

销售额＝全部价款和价外费用÷（1＋5％）

【例 2-5】昌德房地产开发集团在深圳市龙岗区注册成立，拥有深圳市区多处不动产所有权，并取得产权证书。

（1）2024 年 4 月 30 日，转让其 2015 年购买的位于福田区一层公寓，取得转让收入 4 200 万元（含税，下同）。纳税人 2015 年购买时的价格为 1 050 万元，销售不动产统一发票保留完整。

（2）2024 年 6 月 30 日，转让其 2017 年自建的位于龙岗区的办公楼，取得转让收入 9 450 万元，建造办公楼的成本为 2 100 万元。

昌德房地产开发集团采用简易计税方法核算。

①福田区税务预缴税款＝（4 200－1 050）÷（1＋5％）×5％

＝150（万元）

②龙岗区税务申报税款＝9 450÷（1＋5％）×5％

＝450（万元）

2.3.2 预缴税款确定和计算

房地产开发企业取得的预收款包括定金、分期取得的预收款（含首付款、按揭款和尾款）及全款。但意向金（诚意金）和订金不属于预收款。

定金、订金和意向金（诚意金）的定义如下。

（1）"定金"属于一种法律上的担保方式。根据《中华人民共和国民法典》第五百八十六条规定："当事人可以约定一方向对方给付定金作为债权的担保。……"第五百八十七条规定："债务人履行债务的，定金应当抵作价款或者收回。给付定金的一方不履行债务……无权请求返还定金；收受定金的一方不履行债务……应当双倍返还定金。"

签订合同时，对定金必须以书面形式进行约定，同时还应约定定金的数额和交付期限。定金数额可以由合同双方当事人自行约定，但是不得超过主合同总价款的 20％，超过 20％部分无效。

（2）"订金"不具备"定金"的担保性质，当合同不能履行时，除不可抗力外，应根据双方当事人的过错承担违约责任，一方违约，另一方无权要求其双倍返还，只能得到原来金额，也没有 20％比例的限制。

（3）"意向金（诚意金）"在我国现行法律中不具有法律约束力，意向金（诚意金）未转定金之前客户可要求返还且无须承担由此产生的不利后果。

综上，定金、订金、意向金（诚意金）中，只有"定金"具有法律约束力，无论当事人是否违约，支付的款项均须返还。因此，房地产开发企业收到购房人的定金，可视同收到预收款。

预收款会计科目设置，见表 2-10。

表 2-10　预收销售款会计科目设置

科目代码	科目名称
2204	合同负债
220401	合同负债（含税）
22040101	合同负债（9%）
22040102	合同负债（5%）
220402	合同负债（不含税）
22040201	合同负债（不含9%）
22040202	合同负债（不含5%）

房地产企业在收到预收款时，不确认为纳税义务发生，而只是预缴税款；房地产开发企业以预缴税款抵减应纳税额，应以完税凭证作为合法有效凭证。

根据《财政部 税务总局关于全面推开营业税改征增值税试点的通知》（财税〔2016〕36 号）及国家税务总局公告 2016 年 18 号，一般纳税人采取预收款方式销售自行开发的房地产项目，应在收到预收款时按照 3% 的预征率预缴增值税。

预缴税款按照以下公式计算：

预缴税款＝预收款÷（1＋适用税率或征收率）×3%

适用一般计税方法计税的，按照 9% 的适用税率计算；适用简易计税方法计税的，按照 5% 的征收率计算。

（1）收到预收款时。

借：银行存款

　　贷：合同负债

　　　应交税费——预交增值税

（2）次月预缴预收款增值税时。

借：应交税费——预交增值税

　　贷：应交税费——未交增值税——××项目

借：应交税费——未交增值税——××项目

　　贷：银行存款

一般纳税人的简易计税方法，在确认预缴、计提、缴纳等环节涉及增值税时，要采用"应交税费——简易计税——某项目"科目核算，不使用"应交税费——预交增值税"科目核算，见表2-11。

表2-11　预缴、计提、缴纳等环节涉及增值税会计处理

纳税人类型	预缴税款的确认	销售额的确定	进项抵扣	发票开具
一般纳税人	预缴税款＝预收款÷（1＋9%）×3%	销售额＝（全部价款和价外费用－当期允许扣除的土地价款）÷(1+9%)	（1）可以抵扣进项税额；（2）不得抵扣的进项税额＝当期无法划分的全部进项税额×（简易计税、免税房地产项目建设规模÷房地产项目总建设规模）	（1）自行开具增值税发票；（2）可以是专票也可以是普票
简易计税	预缴税款＝预收款÷（1＋5%）×3%	销售额＝（以取得的全部价款＋价外费用）÷(1+5%)	不得抵扣进项	（1）自行开具增值税发票；（2）可以是专票也可以是普票
小规模纳税人	预缴税款＝预收款÷（1＋5%）×3%	销售额＝（以取得的全部价款＋价外费用）÷(1+5%)	不得抵扣进项	自行开具发票

《中华人民共和国税收征收管理法》第六十二条规定："纳税人未按照规定的期限办理纳税申报和报送纳税资料的，或者扣缴义务人未按照规定的期限向税务机关报送代扣代缴、代收代缴税款报告表和有关资料的，由税务机关责令限期改正，可以处二千元以下的罚款；情节严重的，可以处二千元以上一万元以下的罚款。"

2019年8月13日，国家税务总局发布《国家税务总局关于实施第二批便

民办税缴费新举措的通知》（税总函〔2019〕243号）第一条规定："全面推行小规模纳税人自行开具增值税专用发票。税务总局进一步扩大小规模纳税人自行开具增值税专用发票范围，小规模纳税人（其他个人除外）发生增值税应税行为、需要开具增值税专用发票的，可以自愿使用增值税发票管理系统自行开具。"

根据《中华人民共和国税收征收管理法》第三十四条规定："税务机关征收税款时，必须给纳税人开具完税凭证。扣缴义务人代扣、代收税款时，纳税人要求扣缴义务人开具代扣、代收税款凭证的，扣缴义务人应当开具。"

房地产开发企业在收到预收款并按规定申报预缴后，税务机关应该出具增值税完税凭证，作为下一步抵减税款的合法依据。

目前，完税凭证各地方税务机关基本都能做到可以到办税大厅打印，也可以在网站上打印。

2.4　增值税检查调整

增值税检查后的账务调整，应设立"应交税费——增值税检查调整"明细科目。凡检查后应调减账面进项税额或调增销项税额和进项税额转出的数额，借记有关科目，贷记本科目；凡检查后应调增账面进项税额或调减销项税额和进项税额转出的数额，借记本科目，贷记有关科目；全部调账事项入账后，应结出本账户的余额，并对该余额进行处理：

（1）若余额在借方，全部视同留抵进项税额，按借方余额数，借记"应交税费——应交增值税（进项税额）"科目，贷记本科目。

（2）若余额在贷方，且"应交税费——应交增值税"账户无余额，按贷方余额数，借记本科目，贷记"应交税费——未交增值税"科目。

（3）若本账户余额在贷方，"应交税费——应交增值税"账户有借方余额且等于或大于贷方余额，按贷方余额数，借记本科目，贷记"应交税费——应交增值税"科目。

（4）若本账户余额在贷方，"应交税费——应交增值税"账户有借方余额但小于这个贷方余额，应将这两个账户的余额冲出，其差额贷记"应交税费——未交增值税"科目。

上述账务调整应按纳税期逐期进行。

【例2-6】嘉兴公司为一般纳税人，2024年1月接受税务机关检查，在检查中发现企业其他应付款科目有一笔挂账两年的应付款项，金额为87.20万元。经检查，确认此为隐瞒收入，税务机关要求该企业在本月调账，并于2月28日前补缴税款入库（不考虑其他因素）。

企业会计处理如下。

借：其他应付款   872 000
　　贷：以前年度损益调整   800 000
　　　　应交税费——增值税检查调整   72 000
借：应交税费——增值税检查调整   72 000
　　贷：应交税费——未交增值税   72 000

补缴税款时：

借：应交税费——未交增值税   72 000
　　贷：银行存款   72 000

2.5　城市维护建设税

《中华人民共和国城市维护建设税法》于2020年8月11日第十三届全国人民代表大会常务委员会第二十一次会议通过，自2021年9月1日起施行。

1. 纳税人

在中华人民共和国境内缴纳增值税、消费税的单位和个人，为城市维护建设税的纳税人。

2. 计税依据

城市维护建设税以纳税人依法实际缴纳的增值税、消费税税额为计税依据。城市维护建设税的计税依据应当按照规定扣除期末留抵退税退还的增值税税额。

3. 税率

城市维护建设税税率如下：

（1）纳税人所在地在市区的，税率为7%；

（2）纳税人所在地在县城、镇的，税率为5%；

（3）纳税人所在地不在市区、县城或者镇的，税率为1%。

《关于进一步支持小微企业和个体工商户发展有关税费政策的公告》（财政部 税务总局公告2023年第12号）第二条规定：

二、自2023年1月1日至2027年12月31日，对增值税小规模纳税人、小型微利企业和个体工商户减半征收资源税（不含水资源税）、城市维护建设税、房产税、城镇土地使用税、印花税（不含证券交易印花税）、耕地占用税和教育费附加、地方教育附加。

2.6 车辆购置税

2018年12月29日，第十三届全国人民代表大会常务委员会第七次会议通过《中华人民共和国车辆购置税法》。

1. 纳税人

在中华人民共和国境内购置汽车、有轨电车、汽车挂车、排气量超过150毫升的摩托车（以下统称应税车辆）的单位和个人，为车辆购置税的纳税人。

2. 税率

车辆购置税实行一次性征收。购置已征车辆购置税的车辆，不再征收车辆购置税。车辆购置税的税率为10%。

3. 应纳税额的计算

车辆购置税的应纳税额按照应税车辆的计税价格乘以税率计算。

4. 计税价格

应税车辆的计税价格，按照下列规定确定：

（1）纳税人购买自用应税车辆的计税价格，为纳税人实际支付给销售者的全部价款，不包括增值税税款；

（2）纳税人进口自用应税车辆的计税价格，为关税完税价格加上关税和消费税；

（3）纳税人自产自用应税车辆的计税价格，按照纳税人生产的同类应税车辆的销售价格确定，不包括增值税税款；

（4）纳税人以受赠、获奖或者其他方式取得自用应税车辆的计税价格，按照购置应税车辆时相关凭证载明的价格确定，不包括增值税税款。

5. 税收优惠

下列车辆免征车辆购置税：

（1）依照法律规定应当予以免税的外国驻华使馆、领事馆和国际组织驻华机构及其有关人员自用的车辆；

（2）中国人民解放军和中国人民武装警察部队列入装备订货计划的车辆；

（3）悬挂应急救援专用号牌的国家综合性消防救援车辆；

（4）设有固定装置的非运输专用作业车辆；

（5）城市公交企业购置的公共汽电车辆。

《关于延续和优化新能源汽车车辆购置税减免政策的公告》（财政部 税务总局 工业和信息化部公告 2023 年第 10 号）规定：

一、对购置日期在 2024 年 1 月 1 日至 2025 年 12 月 31 日期间的新能源汽车免征车辆购置税，其中，每辆新能源乘用车免税额不超过 3 万元；对购置日期在 2026 年 1 月 1 日至 2027 年 12 月 31 日期间的新能源汽车减半征收车辆购置税，其中，每辆新能源乘用车减税额不超过 1.5 万元。

购置日期按照机动车销售统一发票或海关关税专用缴款书等有效凭证的开具日期确定。

享受车辆购置税减免政策的新能源汽车，是指符合新能源汽车产品技术要求的纯电动汽车、插电式混合动力（含增程式）汽车、燃料电池汽车。新能源汽车产品技术要求由工业和信息化部会同财政部、税务总局根据新能源汽车技术进步、标准体系发展和车型变化情况制定。

新能源乘用车，是指在设计、制造和技术特性上主要用于载运乘客及其随身行李和（或）临时物品，包括驾驶员座位在内最多不超过 9 个座位的新能源汽车。

2.7 印花税

2021 年 6 月 10 日，第十三届全国人民代表大会常务委员会第二十九次会议通过《中华人民共和国印花税法》。

1. 计税依据

印花税的计税依据，按照下列方法确定，见表2-12。

表2-12　印花税计税依据

计税依据	含　义
应税合同的计税依据	为合同列明的价款或者报酬，不包括增值税税款；合同中价款或者报酬与增值税税款未分开列明的，按照合计金额确定
应税产权转移书据的计税依据	为产权转移书据列明的价款，不包括增值税税款；产权转移书据中价款与增值税税款未分开列明的，按照合计金额确定
应税营业账簿的计税依据	为营业账簿记载的实收资本（股本）、资本公积合计金额
证券交易的计税依据	为成交金额

2. 税率

印花税税率见表2-13。

表2-13　印花税税目税率表

税　目		税　率	备　注
合同	买卖合同	支付价款的万分之三	指动产买卖合同（不包括个人订立的动产买卖合同）
	借款合同	借款金额的万分之零点五	指银行业金融机构和借款人（不包括银行同业拆借）订立的借款合同
	融资租赁合同	租金的万分之零点五	——
	租赁合同	租金的千分之一	——
	承揽合同	支付报酬的万分之三	——
	建设工程合同	支付价款的万分之三	——
	运输合同	运输费用的万分之三	指货运合同和多式联运合同（不包括管道运输合同）
	技术合同	支付价款、报酬或者使用费的万分之三	——
	保管合同	保管费的千分之一	——
	仓储合同	仓储费的千分之一	——
	财产保险合同	保险费的千分之一	不包括再保险合同

税 目		税 率	备 注
产权转移书据	土地使用权出让书据	支付价款的万分之五	
	土地使用权、房屋等建筑物、构筑物所有权转让书据	支付价款的万分之五	不包括土地承包经营权和土地经营权转移
	股权转让书据	支付价款的万分之五	不包括应缴纳的证券交易印花税
	商标专用权、著作权、专利权、专有技术使用权转让书据	支付价款的万分之三	
营业账簿		实收资本（股本）、资本公积合计金额的万分之二点五	—
证券交易		成交金额的千分之一	

免征或者减征印花税的情形如下：

（1）应税凭证的副本或者抄本，免征印花税；

（2）农民、农民专业合作社、农村集体经济组织、村民委员会购买农业生产资料或者销售自产农产品订立的买卖合同和农业保险合同，免征印花税；

（3）无息或者贴息借款合同、国际金融组织向我国提供优惠贷款订立的借款合同、金融机构与小型微型企业订立的借款合同，免征印花税；

（4）财产所有权人将财产赠予政府、学校、社会福利机构订立的产权转移书据，免征印花税；

（5）军队、武警部队订立、领受的应税凭证，免征印花税；

（6）转让、租赁住房订立的应税凭证，免征个人（不包括个体工商户）应当缴纳的印花税；

（7）国务院规定免征或者减征印花税的其他情形。

2.8 契税

2020年8月11日，第十三届全国人民代表大会常务委员会第二十一次会议通过《中华人民共和国契税法》，自2021年9月1日起施行。

1. 纳税人

在中华人民共和国境内转移土地、房屋权属，承受的单位和个人为契税的纳税人。

2. 税率

契税实行幅度比例税率，税率幅度为 3%～5%。具体执行税率，由各省、自治区、直辖市人民政府在规定的幅度内，根据本地区的实际情况确定。

3. 计税依据

（1）土地使用权出让、出售，房屋买卖，为土地、房屋权属转移合同确定的成交价格，包括应交付的货币以及实物、其他经济利益对应的价款；

（2）土地使用权互换、房屋互换，为所互换的土地使用权、房屋价格的差额；

（3）土地使用权赠予、房屋赠予及其他没有价格的转移土地、房屋权属行为，为税务机关参照土地使用权出售、房屋买卖的市场价格依法核定的价格。

纳税人申报的成交价格、互换价格差额明显偏低且无正当理由的，由税务机关依照《税收征收管理法》的规定核定。

4. 应纳税额的计算

应纳税额计算公式如下：

应纳税额＝计税依据×税率

5. 优惠政策

有下列情形之一的，免征契税：

（1）国家机关、事业单位、社会团体、军事单位承受土地、房屋权属用于办公、教学、医疗、科研、军事设施；

（2）非营利性的学校、医疗机构、社会福利机构承受土地、房屋权属用于办公、教学、医疗、科研、养老、救助；

（3）承受荒山、荒地、荒滩土地使用权用于农、林、牧、渔业生产；

（4）婚姻关系存续期间夫妻之间变更土地、房屋权属；

（5）法定继承人通过继承承受土地、房屋权属；

（6）依照法律规定应当予以免税的外国驻华使馆、领事馆和国际组织驻华代表机构承受土地、房屋权属。

根据国民经济和社会发展的需要，国务院对居民住房需求保障、企业改制重组、灾后重建等情形可以规定免征或者减征契税，报全国人民代表大会常务委员会备案。

2.9 耕地占用税

《中华人民共和国耕地占用税法》第二条规定："在中华人民共和国境内占用耕地建设建筑物、构筑物或者从事非农业建设的单位和个人，为耕地占用税的纳税人，应当依照本法规定缴纳耕地占用税。……"

耕地，是指用于种植农作物的土地，包括菜地、园地。其中，园地包括花圃、苗圃、茶园、果园、桑园和其他种植经济林木的土地。

1. 应纳税额

耕地占用税的税额如下：

（1）人均耕地不超过一亩的地区（以县、自治县、不设区的市、市辖区为单位，下同），每平方米为 10 元至 50 元；

（2）人均耕地超过一亩但不超过二亩的地区，每平方米为 8 元至 40 元；

（3）人均耕地超过二亩但不超过三亩的地区，每平方米为 6 元至 30 元；

（4）人均耕地超过三亩的地区，每平方米为 5 元至 25 元。

各省、自治区、直辖市耕地占用税平均税额，见表 2-14。

表 2-14 各省、自治区、直辖市耕地占用税平均税额

省、自治区、直辖市	平均税额（元/m²）
上海	45
北京	40
天津	35
江苏、浙江、福建、广东	30
辽宁、湖北、湖南	25
河北、安徽、江西、山东、河南、重庆、四川	22.5
广西、海南、贵州、云南、陕西	20
山西、吉林、黑龙江	17.5
内蒙古、西藏、甘肃、青海、宁夏、新疆	12.5

耕地占用税以纳税人实际占用的属于耕地占用税征税范围的土地面积为计税依据，按应税土地当地适用税额计税，实行一次性征收。

耕地占用税计算公式为：

应纳税额＝应税土地面积×适用税额

应税土地面积包括经批准占用面积和未经批准占用面积，以平方米为单位。

占用基本农田的，加按150％征收耕地占用税的计算公式为

应纳税额＝应税土地面积×适用税额×150％

2. 优惠政策

按照《中华人民共和国耕地占用税法》的规定，免征、减征耕地占用税的部分项目按以下口径执行：

第七条　军事设施、学校、幼儿园、社会福利机构、医疗机构占用耕地，免征耕地占用税。

铁路线路、公路线路、飞机场跑道、停机坪、港口、航道、水利工程占用耕地，减按每平方米二元的税额征收耕地占用税。

农村居民在规定用地标准以内占用耕地新建自用住宅，按照当地适用税额减半征收耕地占用税；其中农村居民经批准搬迁，新建自用住宅占用耕地不超过原宅基地面积的部分，免征耕地占用税。

农村烈士遗属、因公牺牲军人遗属、残疾军人以及符合农村最低生活保障条件的农村居民，在规定用地标准以内新建自用住宅，免征耕地占用税。

根据国民经济和社会发展的需要，国务院可以规定免征或者减征耕地占用税的其他情形，报全国人民代表大会常务委员会备案。

3. 纳税时间

（1）纳税人改变原占地用途，需要补缴耕地占用税的，其纳税义务发生时间为改变用途当日，具体为：经批准改变用途的，纳税义务发生时间为纳税人收到批准文件的当日；未经批准改变用途的，纳税义务发生时间为自然资源主管部门认定纳税人改变原占地用途的当日。

（2）未经批准占用应税土地的纳税人，其纳税义务发生时间为自然资源主管部门认定其实际占地的当日。

2.10　城镇土地使用税

房地产开发企业在建设施工阶段保有土地必须按规定缴纳城镇土地使用税。

在城市、县城、建制镇、工矿区范围内使用土地的单位和个人，为城镇土地使用税（以下简称土地使用税）的纳税人。单位是指国有企业、集体企业、私营企业、股份制企业、外商投资企业、外国企业，以及其他企业和事业单位、社会团体、国家机关、军队以及其他单位；个人是指个体工商户以及其他个人。

1. 计税依据

土地使用税以纳税人实际占用的土地面积为计税依据，依照规定税额计算征收。

根据《中华人民共和国城镇土地使用税暂行条例》第四条规定：

第四条　土地使用税每平方米年税额如下：

（一）大城市 1.5 元至 30 元；

（二）中等城市 1.2 元至 24 元；

（三）小城市 0.9 元至 18 元；

（四）县城、建制镇、工矿区 0.6 元至 12 元。

2. 缴纳时间

土地使用税按年计算、分期缴纳。缴纳期限由省、自治区、直辖市人民政府确定。

新征收的土地，依照下列规定缴纳土地使用税：

（1）征收的耕地，自批准征收之日起满 1 年时开始缴纳土地使用税；

（2）征收的非耕地，自批准征收次月起缴纳土地使用税。

3. 优惠政策

根据《中华人民共和国城镇土地使用税暂行条例》第六条规定：

第六条　下列土地免缴土地使用税：

（一）国家机关、人民团体、军队自用的土地；

（二）由国家财政部门拨付事业经费的单位自用的土地；

（三）宗教寺庙、公园、名胜古迹自用的土地；

（四）市政街道、广场、绿化地带等公共用地；

（五）直接用于农、林、牧、渔业的生产用地；

（六）经批准开山填海整治的土地和改造的废弃土地，从使用的月份起免缴土地使用税 5 年至 10 年；

（七）由财政部另行规定免税的能源、交通、水利设施用地和其他用地。

2.11 房产税

房产税由产权所有人缴纳。产权属于全民所有的，由经营管理的单位缴纳。产权出典的，由承典人缴纳。产权所有人、承典人不在房产所在地的，或者产权未确定及租典纠纷未解决的，由房产代管人或者使用人缴纳。

《财政部 国家税务总局关于具备房屋功能的地下建筑征收房产税的通知》（财税〔2005〕181号）规定，"一、凡在房产税征收范围内的具备房屋功能的地下建筑，包括与地上房屋相连的地下建筑以及完全建在地面以下的建筑、地下人防设施等，均应当依照有关规定征收房产税。……"

1. 计税依据

房产税依照房产原值一次减除10％至30％后的余值计算缴纳。具体减除幅度，由省、自治区、直辖市人民政府规定。

没有房产原值作为依据的，由房产所在地税务机关参考同类房产核定。

房产出租的，以房产租金收入为房产税的计税依据。

以上海为例，根据《关于转发〈财政部 国家税务总局关于具备房屋功能的地下建筑征收房产税的通知〉及本市补充意见的通知》（沪地税地〔2006〕19号）规定：

二、关于本市自用地下建筑房屋原价折算为应税房产原值的具体比例

1. 工业用途的地下建筑，以房屋原价的50％为应税房产原值。

应纳房产税的税额＝地下建筑应税房产原值×（1－20％）×1.2％

2. 商业和其他用途的地下建筑，以房屋原价的70％作为应税房产原值。

应纳房产税的税额＝地下建筑应税房产原值×（1－20％）×1.2％

2. 税率

房产税的税率，依照房产余值计算缴纳的，税率为1.2％；依照房产租金收入计算缴纳的，税率为12％。

3. 纳税时间

纳税人自建的房屋，自建成之次月起征收房产税。纳税人委托施工企业建设的房屋，从办理验收手续之次月起征收房产税。纳税人在办理验收手续

前已使用或出租、出借的新建房屋，应按规定征收房产税。

4. 优惠政策

《关于进一步支持小微企业和个体工商户发展有关税费政策的公告》（财政部 税务总局公告 2023 年第 12 号）第二条规定：

二、自 2023 年 1 月 1 日至 2027 年 12 月 31 日，对增值税小规模纳税人、小型微利企业和个体工商户减半征收资源税（不含水资源税）、城市维护建设税、房产税、城镇土地使用税、印花税（不含证券交易印花税）、耕地占用税和教育费附加、地方教育附加。

《关于保障性住房有关税费政策的公告》（财政部 税务总局 住房城乡建设部公告 2023 年第 70 号）第一至第六条规定：

一、对保障性住房项目建设用地免征城镇土地使用税。对保障性住房经营管理单位与保障性住房相关的印花税，以及保障性住房购买人涉及的印花税予以免征。

在商品住房等开发项目中配套建造保障性住房的，依据政府部门出具的相关材料，可按保障性住房建筑面积占总建筑面积的比例免征城镇土地使用税、印花税。

二、企事业单位、社会团体以及其他组织转让旧房作为保障性住房房源且增值额未超过扣除项目金额 20％ 的，免征土地增值税。

三、对保障性住房经营管理单位回购保障性住房继续作为保障性住房房源的，免征契税。

四、对个人购买保障性住房，减按 1％ 的税率征收契税。

五、保障性住房项目免收各项行政事业性收费和政府性基金，包括防空地下室易地建设费、城市基础设施配套费、教育费附加和地方教育附加等。

六、享受税费优惠政策的保障性住房项目，按照城市人民政府认定的范围确定。城市人民政府住房城乡建设部门将本地区保障性住房项目、保障性住房经营管理单位等信息及时提供给同级财政、税务部门。

第 3 章
取得土地使用权阶段的
账税处理

房地产开发企业开发的土地，按用途分为两种：一种是为了转让、出租而开发的商品性土地（也叫商品性建设场地）；另一种是为开发商品房、出租房等房屋而开发的自用土地。前者是企业的最终开发产品，其费用支出单独构成土地的开发成本；而后者则是企业的中间开发产品，其费用支出应计入商品房、出租房等有关房屋开发成本。

3.1 土地出让形式与土地使用权出让金

国有土地出让是指国家以土地所有者的身份将土地使用权在一定年限内让与土地使用者，并由土地使用者向国家支付土地使用权出让金的行为。

3.1.1 城市用地类别及范围

根据规定，城乡用地是指城市和县人民政府所在地镇内的居住用地、公共管理与公共服务用地、商业服务业设施用地、工业用地、物流仓储用地、道路与交通设施用地、公用设施用地、绿地和广场用地。

城市用地类别及范围见表 3-1。

表 3-1　城市用地类别及范围

代　号	类别名称	范　围
R	居住用地	住宅和相应服务设施的用地
A	公共管理与公共服务用地	行政、文化、教育、体育、卫生等机构和设施用地，不包括居住用地中的服务设施用地
B	商业服务业设施用地	商业、商务、娱乐康体等设施用地，不包括居住用地中的服务设施用地
M	工业用地	工矿企业的生产车间、库房及其附属设施等用地，包括专用铁路、码头和附属道路、停车场等用地，不包括露天矿用地
W	物流仓储用地	物资储备、中转、配送等用地，包括附属道路、停车场，以及货运公司车队的站场等用地
S	道路与交通设施用地	城市道路、交通设施等用地，不包括居住用地、工业用地等内部的道路、停车场等用地
U	公用设施用地	供应、环境、安全等设施用地
G	绿地和广场用地	公园绿地、防护绿地、广场等公共开放空间用地

国有土地使用权出让年限见表 3-2。

表 3-2　国有土地使用权出让年限

类　别	年　限
居住用地	70 年
工业用地	50 年
教育、科技、文化卫生、体育用地	50 年
综合或其他用地	50 年
商业、旅游、娱乐用地	40 年

3.1.2　土地出让形式

土地出让是指土地使用权获得者取得用地的一种方式，同时也是土地资产处置的一种方式。通过土地市场出让方式有招标、拍卖、挂牌、协议出让四种形式如图 3-1 所示。

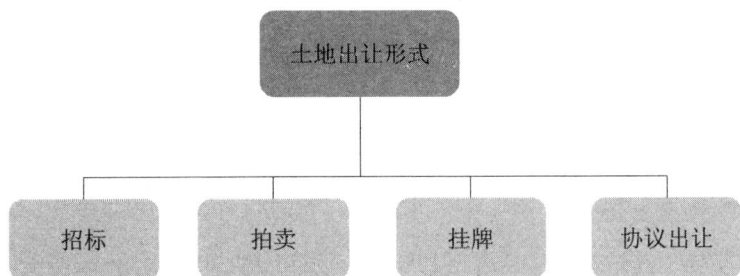

図 3-1　土地出让的四种形式

1. 招标

招标是指土地所有者（出让人）向多方土地使用者（投标者）发出投标邀请，通过各投标者设计标书的竞争，来确定土地使用权受让人的方式。对能够最大限度地满足招标文件中规定的各项综合评价标准，或者能够满足招标文件的实质性要求且价格最高的投标人，应当确定为中标人。招标流程如图 3-2 所示。

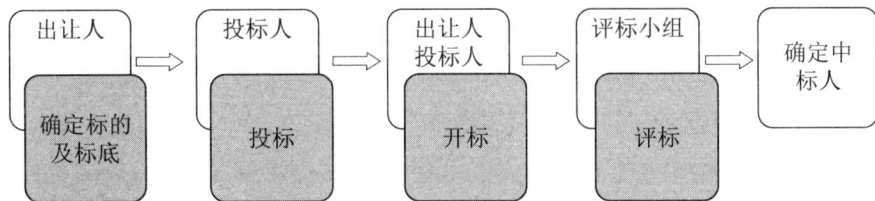

图 3-2　招标流程

2. 拍卖

拍卖是指按照指定时间、地点，在公开场所出让方用叫价的方法将土地使用权拍卖给出价最高者（竞买人）。

拍卖流程如下：

（1）主持人点算竞买人；

（2）主持人介绍拍卖宗地的位置、面积、用途、使用年期、规划要求和其他有关事项；

（3）主持人宣布起叫价和增价规则及增价幅度，没有底价的，应当明确提示；

（4）主持人报出起叫价；

（5）竞买人举牌应价或者报价；

（6）主持人确认该应价后继续竞价；

（7）主持人连续三次宣布同一应价而没有再应价的，主持人落槌表示拍卖成交；

（8）主持人宣布最高应价者为竞得人。

3. 挂牌

出让人发布挂牌公告，按公告规定的期限将拟定出让宗地的交易条件在指定的土地交易所挂牌公告，接受竞买人的报价并更新挂牌价格，根据挂牌期限截止时的出让结果确定土地使用者。

挂牌流程如图 3-3 所示。

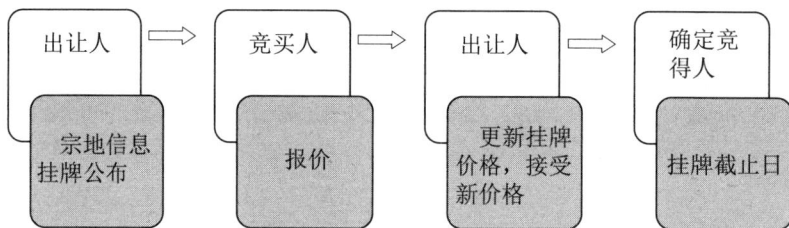

图 3-3　挂牌流程

挂牌期限届满，按照下列规定确定是否成交：

（1）在挂牌期限内只有一个竞买人报价，且报价高于底价，并符合其他条件的，挂牌成交；

（2）在挂牌期限内有两个或者两个以上的竞买人报价的，出价最高者为竞得人；报价相同的，先提交报价单者为竞得人，但报价低于底价者除外；

（3）在挂牌期限内无应价者或者竞买人的报价均低于底价或均不符合其他条件的，挂牌不成交。

在挂牌期限截止时仍有两个或者两个以上的竞买人要求报价的，出让人应当对挂牌宗地进行现场竞价，出价最高者为竞得人。

4. 协议出让

协议出让指政府作为土地所有者（出让方）与选定的受让方磋商用地条件及价款，达成协议并签订土地使用权出让合同，有偿出让土地使用权的行为。

除了以上四种方式之外，还有一种土地出让方式是划拨。划拨指县级以上人民政府依法批准，在用地者缴纳补偿、安置等费用后将该幅土地交其使用，或者将土地无偿交给土地使用者的行为。

协议出让方式的适用范围，见表3-3。

表3-3　协议出让方式的适用范围

序号	出让方式		划拨方式
	招标、拍卖、挂牌	协议	
1	经营性用地（商业、旅游、商品住宅等）及有竞争要求的工业用地	经营性用地以外用途的土地，同一宗地只有一个意向用地者的	国家机关、军事用地等
2	同一宗地有两个或者两个以上意向用地者	原划拨、承租土地使用权人申请协议出让	城市基础设施、公益事业用地
3	划拨土地使用权改变用途或转让，收回土地使用权，实行"招标、拍卖、挂牌"出让的	划拨土地使用权转让申请办理协议出让	国家重点扶持的能源、交通等项目用地
4	出让土地使用权改变用途	出让土地使用权人申请续期	法律法规规定的其他用地
5	法律法规规定的其他用地	法律法规规定的其他用地	—
6	有偿使用，需要签订合同	有偿使用，需要签订合同	少量费用（补偿、安置）或无偿
7	有期限限制	有期限限制	一般无期限限制

3.2　取得土地使用权的核算

取得土地使用权的会计处理涉及土地使用权出让金及相关税费的核算。

"开发成本"总分类科目下设置二级科目"土地征用及拆迁补偿费"及其明细科目，列示因房地产开发而征用土地所发生的各项费用，见表3-4。

表3-4　土地征用及拆迁补偿费用

序号	总分类科目	明细科目	
5001	开发成本	—	—
500101	开发成本	土地征用及拆迁补偿费	—
50010101	开发成本	土地征用及拆迁补偿费	支付的土地使用权出让金
50010102	开发成本	土地征用及拆迁补偿费	土地开发费
50010103	开发成本	土地征用及拆迁补偿费	向政府部门缴纳的大市政配套费
50010104	开发成本	土地征用及拆迁补偿费	缴纳的契税
50010105	开发成本	土地征用及拆迁补偿费	土地使用费
50010106	开发成本	土地征用及拆迁补偿费	耕地占用税
50010107	开发成本	土地征用及拆迁补偿费	土地变更用途和超面积补交的地价
500102	开发成本		—
50010201	开发成本	合作款项	补偿合作方地价
50010202	开发成本	合作款项	合作项目建房转入分给合作方房屋成本
50010203	开发成本	合作款项	相应税金
500103	开发成本	红线外市政设施费	—
50010301	开发成本	红线外市政设施费	红线外道路
50010302	开发成本	红线外市政设施费	水、电、气、通信
50010303	开发成本	红线外市政设施费	管线铺设费
50010304	开发成本	红线外市政设施费	接口补偿费
500104	开发成本	拆迁补偿费	拆迁补偿净支出
50010401	开发成本	拆迁补偿费	安置及动迁支出
50010402	开发成本	拆迁补偿费	农作物补偿费
50010403	开发成本	拆迁补偿费	危房补偿费
500105	开发成本	其他	
50010501	开发成本	其他	土地拍卖手续费
50010502	开发成本	其他	佣金
50010503	开发成本	其他	其他

3.2.1　土地使用权出让金计算方法

土地使用权出让金，是指各级政府部门将出让给土地使用者，按规定向受让人收取的全部价款（指土地出让的交易总额），或土地使用期满，土地使用者需要续期而向土地管理部门缴纳的续期土地出让价款，或原通过行政划拨获得土地使用权的土地使用者，将土地使用权有偿转让、出租、抵押、作价入股和投资，按规定补交的土地出让价款。

土地使用权出让金又可分为地面价与楼面价两种计算方法，地面价为每平方米土地的单价，即以出让金总额除以土地总面积；楼面价分摊到每平方米建筑面积的地价，即以出让金总额除以规划允许建造的总建筑面积。一般认为建高层可分摊地价，实际上并非如此，因为土地使用权出让金是按建筑面积计收的。

土地使用权出让金不是简单的地价。对于住宅等项目，采用招标、拍卖的方式，可通过市场定价，土地使用权出让金就是地价。但对于经济适用房、廉租房、配套房等项目，以及开发园区等工业项目，往往不是完全依靠市场调节，土地使用权出让金就带有税费的性质。

土地使用权出让金的征收标准是由各省（市、自治区、直辖市）依据当地土地价值确定征收标准。一般依据房产所在地区参考价、房产使用剩余年限、房产的性质不同确定征收系数。

经常使用的计算出让金的方式：

（1）土地使用权出让金＝房屋参考价格×房产证上的建筑面积×征收系数

（2）土地使用权出让金＝基准地价×分摊土地面积×征收系数

土地使用权出让金计算方法，有以下几点。

（1）有实际成交价的，且不低于所在级别基准地价平均标准的，按成交价不低于40%的标准计算出让金，若成交价低于基准地价平均标准的，则依照全部地价的40%计算。

（2）发生转让的划拨土地使用权补办出让时，按基准地价平均标准的40%计算。

（3）通过以上方式计算的土地使用权出让金数额，土地使用权受让人有异议的，由受让人委托有资质的土地估价机构进行评估，按评估价的40%计算土地使用权出让金。

（4）划拨土地使用权成本价格占土地价格的最高比例不得高于 60%，在以划拨土地使用权价格计算出让金时，必须将成本价格换算成市场土地价格，再按不低于 40% 的标准计算土地使用权出让金。

3.2.2 通过招标、拍卖、挂牌取得土地使用权

"招标、拍卖、挂牌"取得土地和以收购方式取得土地，账务处理见表 3-5。

表 3-5 取得土地使用权时的会计处理

情形	核算时点	核算依据	账务处理
支付定金	支付土地"招标、拍卖、挂牌"定金时	银行付款单、收据	借：其他应收款——土地"招标、拍卖、挂牌"定金 贷：银行存款
完成移交时	按签订土地出让合同约定，完成移交时	土地出让合同、完税证明	借：开发成本——土地开发成本——土地使用权出让金/契税 贷：银行存款/应付账款/其他应收款

房地产开发企业取得的用于开发的土地使用权，设置"开发成本"科目。

【例 3-1】2024 年 1 月 12 日，中盛恒通房地产有限公司中标一宗惠城区亚东路 B112-23 地块，土地使用权出让金为 25 亿元，分期缴纳，先支付定金 2 000 万元。图 3-4 为国有建设用地使用权出让合同（部分）。

2024 年 1 月 12 日，支付土地使用权出让金 50 亿元。

借：开发成本——土地征用及拆迁补偿费——土地使用权出让金（B112-
　　23）　　　　　　　　　　　　　　　　　　　5 000 000 000
　　贷：银行存款　　　　　　　　　　　　　　　4 980 000 000
　　　　其他应收款——保证金　　　　　　　　　　　20 000 000

2024 年 1 月 12 日，支付定金，依据相关原始单证，编制会计分录。

借：其他应收款——定金　　　　　　　　　　20 000 000
　　贷：银行存款　　　　　　　　　　　　　　　20 000 000

本合同双方当事人：

出让人：中华人民共和国 ×× 省（自治区、直辖市）×× 市（县）：×× 市国土资源管理局

受让人：中盛恒通房地产有限公司

第一章　总则

第一条　根据《中华人民共和国土地管理法》、《中华人民共和国城市房地产管理法》、《中华人民共和国民法典》和其他法律、行政法规、地方性法规，双方本着平等、自愿、有偿、诚实信用的原则，订立本合同。

第二条　出让土地的所有权属中华人民共和国。出让人根据法律的授权出让国有建设用地使用权，地下资源、埋藏物不属于土地使用权出让范围。

……

第二章　出让土地的交付与出让价款的缴纳。

…………

第四条　出让人出让给受让人的宗地位于惠城区亚东路，宗地编号为 B112-23，宗地总面积大写伍拾万平方米（小写 500 000 平方米）。

第五条　本合同项下出让宗地的用途为商品房住宅。

第六条　出让人同意在 2024 年 1 月 30 日前将出让宗地交付给受让人。

第七条　本合同项下的国有建设用地使用权出让年期为 70 年，自出方向受让方实际交付土地之日起算，原划拨土地使用权补办出让手续的，出让年期自合同签订之日起算。

第八条　本合同项下宗地的土地使用权出让金为每平方米人民币大写伍仟元整（小写 5 000 元）；总额为人民币大写贰拾伍亿元（小写 2 500 000 000 元）。

第九条　本合同经双方签字后 10 日内，受让人须向出让人缴付人民币大写伍亿元（小写 500 000 000 元）作为履行合同的定金，定金抵作土地使用权出让金。

第十条　受让人同意按照本条第（一）款的规定向出让人支付上述国有建设用地使用权出让金。

（一）本合同签订之日起 180 日内，一次性付清上述国有建设用地使用权出让金。

（二）按以下时间和金额分期向出让人支付上述国有建设用地使用权出让金。

第一期人民币大写＿＿＿元（小写＿＿＿元），付款时间：×× 年 ×× 月 ×× 日之前。

第二期人民币大写＿＿＿元（小写＿＿＿元），付款时间：×× 年 ×× 月 ×× 日之前。

第三期人民币大写＿＿＿元（小写＿＿＿元），付款时间：×× 年 ×× 月 ×× 日之前。

第四期人民币大写＿＿＿元（小写＿＿＿元），付款时间：×× 年 ×× 月 ×× 日之前。

分期支付土地使用权出让金的，受让人在支付第二期及以后各期土地使用权出让金时，应按照银行同期贷款利率向出让人支付相应的利息。

…………

出让人（章）：×× 市国土资源管理局

日期：2024 年 1 月 12 日

受让人（章）：中盛恒通房地产有限公司

日期：2024 年 1 月 12 日

图 3-4　国有建设用地使用权出让合同（部分）

【例 3-2】接【例 3-1】，签订国有建设用地使用权出让合同，完成移交时，支付契税 7 500 万元。

借：开发成本——土地开发成本——土地使用权出让金——契税

　　　　　　　　　　　　　　　　　　　　75 000 000

　　贷：银行存款　　　　　　　　　　　75 000 000

【例 3-3】2024 年 8 月，中盛恒通房地产有限公司财务部支付土地使用权出让金印花税 25 万元。

借：税金及附加——印花税　　　　　　250 000

　　贷：银行存款　　　　　　　　　　250 000

"税金及附加"科目核算内容：消费税、城市维护建设税、资源税、教育费附加及房产税、土地使用税、车船使用税、印花税等相关税费。

《财政部 国家税务总局关于印花税若干政策的通知》（财税〔2006〕162 号）第三条："对土地使用权出让合同、土地使用权转让合同按产权转移书据征收印花税。"

3.2.3　接受投资取得土地使用权

房地产企业接受出资的土地使用权只能是出让土地的使用权，而不能是划拨土地的使用权。房地产企业接受投资者投入土地使用权，按投资合同或协议约定的价值，借记"开发成本——土地征用及拆迁补偿费"科目，贷记"实收资本""资本公积"等科目。

【例 3-4】远大房地产公司成立于 2024 年，注册资本 2 000 万元。同年，丰润商贸有限公司将其拥有的位于城郊 10 万平方米的土地使用权投资远大房地产公司，根据协议规定，该地块评估价格为 1 000 万元，远大增资 800 万元，200 万元作为资本公积。

（1）远大房地产公司接受投资时，依据土地评估报告和投资协议，会计处理如下。

借：开发成本——土地征用及拆迁补偿费——土地转让费

　　　　　　　　　　　　　　　　　　　　10 000 000

　　贷：实收资本　　　　　　　　　　　8 000 000

　　　　资本公积　　　　　　　　　　　2 000 000

（2）计算缴纳契税，契税税率 3%。

应缴纳契税＝10 000 000×3%＝300 000（元）

借：开发成本——土地征用及拆迁补偿费——契税　300 000

　　贷：银行存款　　　　　　　　　　　　　　　　　300 000

3.2.4　在建项目收购土地使用权的核算

在建项目收购有两种模式。

（1）通过收购其他公司股权获取该公司开发的在建项目。根据《中华人民共和国城市房地产管理法》（2019 年修正）第三十九条规定转让房地产应符合的条件。

第三十九条　以出让方式取得土地使用权的，转让房地产时，应当符合下列条件：

（一）按照出让合同约定已经支付全部土地使用权出让金，并取得土地使用权证书；

（二）按照出让合同约定进行投资开发，属于房屋建设工程的，完成开发投资总额的百分之二十五以上，属于成片开发土地的，形成工业用地或者其他建设用地条件。

转让房地产时房屋已经建成的，还应当持有房屋所有权证书。

（2）通过股权收购获得开发项目，一般为非同一控制下的收购。非同一控制下企业合并形成的长期股权投资按照《企业会计准则第 2 号——长期股权投资》处理，对子公司投资应按购买方付出的资产、发生或承担的负债、发行的权益性证券的公允价值以及企业合并过程中发生的各项直接相关费用之和，作为其初始投资成本。

企业外购的房屋、建筑物支付的价款，应当在地上建筑物与土地使用权之间进行分配，难以分配的，应当全部作为固定资产。房地产开发企业取得土地用于建造对外出售的房屋建筑物，相关的土地使用权应当计入所建造的房屋、建筑物成本。

①在办理股权变更时，依据股权转让协议和付款凭证进行会计处理。

借：长期股权投资

　　贷：银行存款

②依据项目转让协议和付款凭证进行会计处理。

借：开发成本——土地征用及拆迁补偿费——土地转让费

　　贷：银行存款

借：开发成本——土地征用及拆迁补偿费——契税

　　贷：银行存款

【例3-5】远大房地产有限公司开发月季园项目，土地使用权通过招标，购入价格为 3 400 万元，契税为 102 万元，发生土地开发费用 800 万元。2024 年 3 月，远大房地产有限公司将该项目转让给鑫隆有限公司，采用项目转让方式，土地使用权转让价格 6 900 万元，契税 207 万元。

该公司依据项目转让协议和付款凭证进行会计处理。

借：开发成本——土地征用及拆迁补偿费——土地转让费

　　　　　　　　　　　　　　　　　　　　69 000 000

　　贷：银行存款　　　　　　　　　　　　69 000 000

借：开发成本——土地征用及拆迁补偿费——契税 2 070 000

　　贷：银行存款　　　　　　　　　　　　 2 070 000

3.2.5　自用土地使用权的核算

企业依法取得土地使用权，在会计上一般将其列入"无形资产——土地使用权"科目，按照无形资产的有关规定计价、摊销。根据规定，实行国有土地使用权有偿使用后，企业为新建办公楼等而获得土地使用权，所支付的土地使用权出让金，在"无形资产"科目核算；企业为房地产开发而获得的土地使用权，所支付的土地使用权出让金，在"开发成本"科目核算。

【例3-6】2022 年 1 月 1 日，宏大房地产有限公司通过竞拍取得一块土地使用权，用于建造办公大楼。按出让合同规定，该土地使用权总价款为960 万元，1 月 14 日支付土地使用权出让金，契税 28.80 万元，土地使用权年限50 年。2023 年 5 月，办公大楼竣工，发生工程费用 580 万元（不含税额）。验收合格后，办公大楼使用年限为 40 年，无残值。

（1）支付土地使用权出让金时，依据财政部门开具专用收据和付款凭证进行处理。

借：无形资产——土地使用权   9 600 000
  贷：银行存款   9 600 000

（2）缴纳契税时。

借：无形资产——土地使用权——契税   288 000
  贷：银行存款   288 000

（3）计提缴纳印花税。960×0.5‰＝0.48（万元）

借：税金及附加   4 800
  贷：应交税费——应交印花税   4 800

借：应交税费——应交印花税   4 800
  贷：银行存款   4 800

（4）发生建筑成本时，依据发票与付款合同、协议进行会计处理。

借：在建工程——办公楼   5 800 000
  贷：银行存款   5 800 000

（5）2024 年 5 月，办公大楼竣工。

借：固定资产——办公楼   5 800 000
  贷：在建工程——办公楼   5 800 000

（6）计提土地使用权累计摊销。

土地使用权总成本＝9 600 000＋288 000＝9 888 000（元）

每年计提土地使用权累计摊销＝9 888 000÷50＝197 760（元）

借：管理费用——无形资产摊销——土地使用权 197 760
  贷：累计摊销   197 760

（7）计提办公楼累计折旧。

每年计提办公楼累计折旧＝5 800 000÷40＝145 000（元）

借：管理费用——办公楼折旧   145 000
  贷：累计折旧   145 000

3.3　拆迁补偿费的核算

  拆迁补偿费根据房屋用途可以分为住宅房屋拆迁补偿和非住宅房屋拆迁补偿两种，具体包括货币补偿、产权置换补偿和两者相结合的补偿方式。

3.3.1　货币补偿

货币补偿是通过不同的法定依据，由专业评估机构对被拆迁房屋进行估价：一是市场评估价格；二是商品房交易均价；三是重置价格。

1. 市场评估价格

市场评估价格是指被拆迁房屋的市场价格，由符合规定的专业估价机构，按照估价程序，选用适宜的估价方法，并在综合分析影响房地产价格因素的基础上，对房地产在估价时点的客观合理价格或价值进行估算和判定。

2. 商品房交易均价

商品房交易均价是指同区域、同类型普通住宅商品房交易平均价格，由相关部门每季度定期汇总测定并公布。

3. 重置价格

重置价格是指由估价机构采用估价时点的建筑材料和建筑技术，按估价时点的价格水平，判定重新建造与估价对象具有同等功能效用的全新状态的建筑物的正常价格。

房地产开发企业根据相关评估资料，向被拆迁户支付的货币化补偿作为拆迁补偿费，按开发项目计入开发直接成本：

借：开发成本——拆迁补偿费

　　贷：银行存款

【例 3-7】远大房地产有限公司取得郴州市旧城区阳光小镇拆迁项目，共支付拆迁费用 1 780 万元。

根据政府拆迁文件、补偿文件、付款证明等，进行会计处理。

借：开发成本——阳光小镇——拆迁补偿费　　　　17 800 000

　　贷：银行存款　　　　　　　　　　　　　　　　　17 800 000

企业拆迁补偿费支出，据实计入开发成本，在结转房屋销售成本时，在企业所得税和土地增值税前扣除。

3.3.2　产权置换补偿

产权置换也被称作产权调换，分为以下两种形式：

1. 异地安置

异地安置是指由于开发商项目不涉及住宅或由于该地块容积率原因，不能进行回迁安置，只能选择在其他地块上新建安置房，再通过产权的增减，尽量以等价价值做到产权置换。

2. 回迁安置

回迁安置是指开发商拆迁重建项目能够完成回迁安置，通过产权置换比例完成回迁安置。

企业对产权置换的会计处理：一方面对换出的房屋应视同销售；另一方面，以换出房屋的售价作为下一步开发产品的开发成本中的土地征用及拆迁补偿费。

【例3-8】远大房地产公司开发福恒城中村改造项目，该项目占地5 000平方米，住宅建筑面积25 000平方米。其中，用于安置回迁户村民的住宅面积为5 000平方米，其余20 000平方米住宅由开发商销售。2024年3月，该项目竣工，5月清盘。取得销售收入8 720万元，平均销售单价3 488元。

该公司竣工决算成本包括开发成本5 450万元，其中土地征用费（不包括拆迁补偿费）1 200万元，前期工程费400万元，建筑安装工程费1 100万元，基础设施费1 800万元，公共配套设施费260万元，开发间接费用690万元。

拆迁补偿费支出＝3 488×5 000＝17 440 000（元）

项目土地成本＝17 440 000＋12 000 000＝29 440 000（元）

销售收入＝87 200 000＋17 440 000＝104 640 000（元）

单位可销售面积计税成本＝（54 500 000＋17 440 000）÷25 000＝2 877.60（元/平方米）

补偿安置房销售成本＝5 000×2 877.60＝14 388 000（元）

整个项目销售成本＝14 388 000＋2 877.60×20 000＝71 940 000（元）

（1）房屋竣工时，按安置时同期同类房屋价格。

借：开发成本——土地征用及拆迁补偿费——拆迁补偿费

17 440 000

贷：应付账款——拆迁补偿费	17 440 000
借：应付账款——拆迁补偿费	17 440 000
贷：主营业务收入	17 440 000

（2）结转拆迁安置房成本会计处理。

借：主营业务成本	14 388 000
贷：开发产品	14 388 000

提示

1. 增值税

房地产开发企业拆迁补偿实行产权调换方式（即"拆一还一"），属于开发产品抵偿债务的行为，视同销售，应申报缴纳增值税。

2. 土地增值税

拆迁补偿费作为房地产开发成本，属于土地增值税清算扣除项目。

第4章
开发阶段的账税处理

开发阶段的财税处理包括前期工程和建筑安装工程的业务。

房地产开发项目前期工程费指在取得土地开发权之后、项目开发前期的筹建、规划、设计、可行性研究、水文地质勘察、测绘、"三通一平"或"七通一平"等前期费用。

建筑安装工程费是指项目开发过程中发生的列入建筑安装工程施工图预算项目内的各项费用，包括基础工程费、主体建筑工程费、安装工程费及装修工程费等。房地产开发企业的基础设施和建筑安装等工程的施工，可以采用自营方式，也可采用发包方式，或者甲供方式进行。

4.1 前期工程费核算范围与归集方法

前期工程费具体包括以下几种。

（1）规划设计费。项目立项后的总体规划设计、单体设计费、管线设计费、改造设计费、可行性研究费（含支付社会中介服务机构的市场调研费），制图、晒图费，规划设计模型制作费，方案评审费等。

（2）项目整体报批报建费。项目报建时按规定向政府有关部门交纳的费用。

（3）项目测绘费：水文、地质、文物和地基勘察费、沉降观测费、日照测试费、拨地钉桩验线费、复线费、定线费、放线费、建筑面积丈量费等。

（4）"三通一平"费：即水通、电通、路通和场地平整，具体包括接通红线外施工用临时给排水（含地下排水管、沟开挖铺设费用）、供电、道路（含按规定应交的占道费、道路挖掘费）等设施的设计、建造、装饰和进行场地平整发生的费用（包括开工前垃圾清运费）等。

（5）临时设施费：临时办公室、临时场地占用费、临时借用空地租费，以及沿红线周围设置的临时围墙、围栏等设施的设计、建造、装饰等费用。

（6）预算编制、审查费：支付社会中介服务机构受聘为项目编制或审查预算而发生的费用。

（7）其他费用包括挡光费、危房补偿鉴定费、危房补偿鉴定技术咨询费等。

4.1.1　会计科目设置

前期工程费要计入房地产开发成本科目，具体明细科目设置，见表4-1。

表 4-1　前期工程费明细科目设置

序　　号	总分类科目	二级科目	三级科目	四级科目	五级科目
500103	开发成本	前期工程费	—	—	
50010301	开发成本	前期工程费	勘察设计费	—	
5001030101	开发成本	前期工程费	勘察设计费	勘察丈量费	—
500103010101	开发成本	前期工程费	勘察设计费	勘察丈量费	水文地质文物和地质勘察费
500103010102	开发成本	前期工程费	勘察设计费	勘察丈量费	沉降观测费
500103010103	开发成本	前期工程费	勘察设计费	勘察丈量费	日照测试费
500103010104	开发成本	前期工程费	勘察设计费	勘察丈量费	拨地钉桩验线费
500103010105	开发成本	前期工程费	勘察设计费	勘察丈量费	复线费

序　号	总分类科目	二级科目	三级科目	四级科目	五级科目
500103010106	开发成本	前期工程费	勘察设计费	勘察丈量费	定线费
500103010107	开发成本	前期工程费	勘察设计费	勘察丈量费	放线费
500103010108	开发成本	前期工程费	勘察设计费	勘察丈量费	建筑面积丈量费
5001030102	开发成本	前期工程费	勘察设计费	规划设计费	—
500103010201	开发成本	前期工程费	勘察设计费	规划设计费	规划费
500103010202	开发成本	前期工程费	勘察设计费	规划设计费	设计费
500103010203	开发成本	前期工程费	勘察设计费	规划设计费	其他
50010302	开发成本	前期工程费	报建费	—	—
5001030201	开发成本	前期工程费	报建费	报批报建费	—
500103020101	开发成本	前期工程费	报建费	报批报建费	安检费
500103020102	开发成本	前期工程费	报建费	报批报建费	质检费
500103020103	开发成本	前期工程费	报建费	报批报建费	标底编制费
500103020104	开发成本	前期工程费	报建费	报批报建费	交易中心手续费
500103020105	开发成本	前期工程费	报建费	报批报建费	人防报建费
500103020106	开发成本	前期工程费	报建费	报批报建费	消防配套设施费
500103020107	开发成本	前期工程费	报建费	报批报建费	白蚁防治费
500103020108	开发成本	前期工程费	报建费	报批报建费	墙改基金
500103020109	开发成本	前期工程费	报建费	报批报建费	散装水泥专项资金
500103020110	开发成本	前期工程费	报建费	报批报建费	建筑面积丈量费
500103020111	开发成本	前期工程费	报建费	报批报建费	路口开设费
500103020112	开发成本	前期工程费	报建费	报批报建费	规划管理费
500103020113	开发成本	前期工程费	报建费	报批报建费	拆迁管理费
500103020114	开发成本	前期工程费	报建费	报批报建费	招投标管理费
500103020115	开发成本	前期工程费	报建费	报批报建费	项目整体性报批报建费
500103020116	开发成本	前期工程费	报建费	增容费	水
500103020117	开发成本	前期工程费	报建费	增容费	电
500103020118	开发成本	前期工程费	报建费	增容费	煤气

序　号	总分类科目	二级科目	三级科目	四级科目	五级科目
50010303	开发成本	前期工程费	三通一平费	—	—
500103030101	开发成本	前期工程费	三通一平费	临时道路	临时道路的设计、建造费用
500103030201	开发成本	前期工程费	三通一平费	临时用电	临时用电设计费、建造、管线铺设、改造、迁移、临时变压器安装及拆除等费用
500103030301	开发成本	前期工程费	三通一平费	临时用水	临时给排水设施的设计、建造、管线铺设、改造、迁移等费用
500103030301	开发成本	前期工程费	三通一平费	场地平整	场地清运费、旧房拆除等费用
50010304	开发成本	前期工程费	临时设施费	—	—
500103040101	开发成本	前期工程费	临时设施费	临时围墙	包括围墙、围栏设计、建造、装饰费用
500103040201	开发成本	前期工程费	临时设施费	临时办公室费	包括租金、建造及装饰费用
500103040301	开发成本	前期工程费	临时设施费	临时场地占用费	施工用临时占道费、临时借用空地租赁费
500103040401	开发成本	前期工程费	临时设施费	临时围板	包括设计建造装饰费用

4.1.2　前期工程费的归集

对于前期工程费，能够分清成本核算对象的，直接计入前期工程费；不能分清成本核算对象的，按照一定的方法，分配计入前期工程费。

（1）能分清成本核算对象的，应直接计入有关房屋开发成本核算对象的前期工程费成本项目。

【例4-1】世通阳光房地产有限公司取得城南一宗地块开发杨枝园小区，支付前期工程费1 278 140元，具体明细结算见表4-2。

表 4-2 楹枝园小区工程前期费用结算表

编　号	内　容	费　用（元）
1	环境测评报告书编制费	24 000
2	地质勘测费	8 000
3	设计费	434 000
4	施工图审查费用	97 900
5	环境噪声污染费	12 800
6	施工用水报装费用	9 000
7	供电费	8 490
8	临时接电费	35 900
9	施工变电安装费	63 400
10	防雷设计审查费	45 650
11	场地平整费用	142 000
12	城市教育基金手续费	26 000
13	招投标费用	250 000
14	工程造价咨询费	13 200
15	合同鉴证费	1 800
16	工程质量监理费	75 000
17	燃气设计费	31 000
合　计		1 278 140

借：开发成本——住宅楼——前期工程费——环境测评报告书编制费

　　　　　　　　　　　　　　　　　　　24 000

　　　　——前期工程费——地质勘测费　　　8 000

　　　　——前期工程费——设计费　　　434 000

　　　　——前期工程费——施工图审查费用　97 900

　　　　——前期工程费——环境噪声污染费　12 800

　　　　——前期工程费——施工用水报装费用　9 000

　　　　——前期工程费——供电费　　　　8 490

　　　　——前期工程费——临时接电费　　35 900

　　　　——前期工程费——施工变电安装费　63 400

——前期工程费——防雷设计审查费		45 650
——前期工程费——场地平整费用		142 000
——前期工程费——城市教育基金手续		26 000
——前期工程费——前期工程费招投标费用		
		250 000
——前期工程费——工程造价咨询费		13 200
——前期工程费——合同鉴证费		1 800
——前期工程费——工程质量监理费		75 000
——前期工程费——燃气设计费		31 000
贷：应付账款		1 278 140

一般纳税人企业取得的增值税专用发票可以单独作为进项税额核算，不计入开发成本。

（2）分不清成本核算对象的，应先将其支出进行归集，会计期末按照一定的分配标准分配给各受益对象。

【例 4-2】佳鑫盛世房地产开发有限公司有一块土地，规划分两期开发。现已支付建筑招投标费 20 万元，规划设计费 30 万元，施工图纸审查费 10 万元，临时道路修建费 15 万元，建设场地平整费 24 万元，防护栏费 8 万元。佳鑫盛世房地产开发有限公司根据有关原始凭证，会计处理如下：

借：开发成本——前期工程费——招投标费——待分摊成本

200 000

——规划设计费——待分摊成本

300 000

——施工图纸审查费——待分摊成本

100 000

——临时道路修建费——待分摊成本

150 000

——建设场地平整费——待分摊成本

240 000

——防护栏费——待分摊成本

80 000

贷：银行存款　　　　　　　　　　　　　1 070 000

4.1.3 前期工程费的分配

如果没有特殊情况，前期工程费的分配应采用统一的分配方法（实务中以建筑面积为主），不能人为地通过分配方法的选择调节各成本对象的成本。

【例4-3】承上例，该项目总建筑面积5 000平方米，其中，第一期项目开发建筑面积为1 500平方米，第二期项目开发建筑面积为3 500平方米。按照建筑面积对前期工程费进行分摊如下：

招投标费的分摊：

一期项目应分摊的招投标费用＝20×（1 500÷5 000）＝6（万元）

二期项目应分摊的招投标费用＝20×（3 500÷5 000）＝14（万元）

规划设计费的分摊：

一期项目应分摊的规划设计费＝30×（1 500÷5 000）＝9（万元）

二期项目应分摊的规划设计费＝30×（3 500÷5 000）＝21（万元）

施工图纸审查费的分摊：

一期项目应分摊的施工图纸审查费＝10×（1 500÷5 000）＝3（万元）

二期项目应分摊的施工图纸审查费＝10×（3 500÷5 000）＝7（万元）

临时道路修建费的分摊：

一期项目应分摊的临时道路修建费＝15×（1 500÷5 000）＝4.50（万元）

二期项目应分摊的临时道路修建费＝15×（3 500÷5 000）＝10.50（万元）

建设场地平整费的分摊：

一期项目应分摊的建设场地平整费＝24×（1 500÷5 000）＝7.20（万元）

二期项目应分摊的建设场地平整费＝24×（3 500÷5 000）＝16.80（万元）

防护栏费的分摊：

一期项目应分摊的防护栏费＝8×（1 500÷5 000）＝2.40（万元）

二期项目应分摊的防护栏费＝8×（3 500÷5 000）＝5.60（万元）

借：开发成本——前期工程费——一期项目招投标费 60 000

　　　　　　　　　　　　——二期项目招投标费 140 000

　　　　　　　　　　　　——一期项目规划设计费

　　　　　　　　　　　　　　　　90 000

　　　　　　　　　　　　——二期项目规划设计费

　　　　　　　　　　　　　　　　210 000

————一期项目施工图纸审查费

30 000

————二期项目施工图纸审查费

70 000

————一期项目临时道路修建费

45 000

————二期项目临时道路修建费

105 000

————一期项目建设场地平整费

72 000

————二期项目建设场地平整费

168 000

————一期项目防护栏费　24 000

————二期项目防护栏费　56 000

贷：开发成本————前期工程费————招投标费————待分摊成本

200 000

————规划设计费————待分摊成本

300 000

————施工图纸审查费————待分摊成本

100 000

————临时道路修建费————待分摊成本

150 000

————建设场地平整费————待分摊成本

240 000

————防护栏费————待分摊成本

80 000

4.2　建筑安装工程自营开发工程成本的核算

为了核算各项自营工程的实际成本，会计部门在接到施工部门的开工报告后，要根据前述有关成本核算对象的说明，为各单位工程或同类工程开设"合同履约成本"明细分类账，用以记录各项工程的成本。同时不论工程施工期限的长短，都要等到工程完工计入各项应计成本以后，"合同履约成本"明细分类账的记录方为完整。

采用自营方式进行的基础设施和建筑安装（包括装饰）等工程，如果工程规模不大，在施工过程中发生的各项工程费用，可直接计入有关开发成本的核算对象。

4.2.1　自营工程成本核算流程

由于开发企业基础设施、建筑安装等工程具有多样性和固定性的特点，每一工程几乎都有它的独特形式和结构，需要一套单独的设计图纸，在建设时，要采用不同的施工方法和施工组织。即使采用相同的标准设计，由于必须在指定的地点建造，以致它们的地形、地质、水文等自然条件和交通、材料资源等社会条件不同，在建造时，往往也需要对设计图纸以及施工方法、施工组织等作适当改变。工程的这些特点，使工程施工具有个体性。因此，基础设施、建筑安装等工程的施工属于单件生产，在对工程组织成本核算时，必须采用订单成本核算法，即按照各项工程进行分别核算成本的方法。凡是可以直接计入各项工程的生产费用，应直接计入各项工程成本；凡是不能直接计入各项工程而应由有关工程共同负担的生产费用，要先按照发生地点先行归集，然后按照一定的标准，定期分配计入有关工程成本。

自营工程成本核算流程归纳如下：

（1）根据开工报告，确定工程成本核算对象，开设“合同履约成本”明细分类账；

（2）按工程成本核算对象和成本项目汇总分配材料、人工、折旧等费用；

（3）分配机械使用费、其他直接费和施工间接费；

（4）计算各月施工工程实际成本；

（5）根据完工报告，结算工程施工成本明细分类账中的实际总成本，并与预算成本对比分析。

4.2.2　工程成本的确定

为了简化工程成本核算手续，按照以下原则处理：在同一施工地点、同一结构类型、开竣工时间相接近的各个单位工程；在同一工地上施工的几个预算按照经济用途加以分类。施工单位的生产费用按照经济用途，一般应分为下列成本项目：材料费、人工费、机械使用费、其他直接费、施工间接费等。

（1）材料费是指在施工过程中所耗用的构成工程实体的材料、结构件的实际成本及周转材料的摊销和租赁费用。

（2）人工费是指直接从事工程施工工人（包括施工现场制作构件工人、施工现场水平、垂直运输等辅助工人，但不包括机械施工人员）的工资、奖金、津贴和职工福利费。

（3）机械使用费是指在施工过程中使用自有施工机械所发生的费用，包括机上操作人员工资、职工福利费、燃料动力费、机械折旧、修理费，替换工具及部件费，润滑及擦拭材料费，安装、拆卸及辅助设施费、养路费、牌照税，使用外单位施工机械的租赁费，以及按照规定支付的施工机械进出场费。

（4）其他直接费是指现场施工用水、电、蒸汽费，冬雨季施工增加费，夜间施工增加费，土石运输费，材料二次搬运费，生产工具用具使用费，工程定位复测费，工程点交费，场地清理费等。

（5）施工间接费是指施工单位为组织和管理工程施工所发生的全部支出，包括施工单位管理人员工资、职工福利费、办公费、差旅费、交通费、行政管理用固定资产折旧修理费、低值易耗品摊销、财产保险费、劳动保护费、民工管理费等。如搭建有为工程施工所必需的生产、生活用的临时建筑物、构筑物及其他临时设施，还应包括临时设施摊销费。

上述材料费、人工费、机械使用费和其他直接费，由于直接耗用于工程的施工过程，叫作直接费，可以直接记入"合同履约成本——工程施工"账户和各项工程成本。施工间接费由于属于组织和管理工程施工所发生的各项费用，要按照一定标准分配计入各项工程成本，叫作间接费，在核算上应先将它记入"施工间接费用"账户，然后按照一定标准分配计入各项工程成本。

工程施工成本核算对象和成本项目设置工程施工成本明细分类账进行工程成本明细分类核算，具体会计科目设置参考，见表4-3。

表 4-3　会计科目设置参考

序号	总分类科目	二级科目	三级科目	四级科目
500104	开发成本	建筑安装工程费	—	—
50010401	开发成本	建筑安装工程费	基础造价	—

序号	总分类科目	二级科目	三级科目	四级科目
5001040101	开发成本	建筑安装工程费	基础造价	土石方、桩基、护壁（坡）工程费
5001040102	开发成本	建筑安装工程费	基础造价	基础处理费，桩基咨询及检测费、降水
50010402	开发成本	建筑安装工程费	结构及粗装修造价（含地下室部分）	—
5001040201	开发成本	建筑安装工程费	结构及粗装修造价（含地下室部分）	裙楼架空层及转换层
50010403	开发成本	建筑安装工程费	门窗工程	—
5001040301	开发成本	建筑安装工程费	门窗工程	室外门窗
5001040302	开发成本	建筑安装工程费	门窗工程	进户门
5001040303	开发成本	建筑安装工程费	门窗工程	防火门
50010404	开发成本	建筑安装工程费	门窗工程公共部位精装修费	—
5001040401	开发成本	建筑安装工程费	公共部位精装修费	大堂
5001040402	开发成本	建筑安装工程费	公共部位精装修费	楼梯间
5001040403	开发成本	建筑安装工程费	公共部位精装修费	屋面
5001040404	开发成本	建筑安装工程费	公共部位精装修费	外立面
5001040405	开发成本	建筑安装工程费	公共部位精装修费	雨篷
50010405	开发成本	建筑安装工程费	户内精装修费	—
5001040501	开发成本	建筑安装工程费	户内精装修费	厨房
5001040502	开发成本	建筑安装工程费	户内精装修费	卫生间
5001040503	开发成本	建筑安装工程费	户内精装修费	厅房
5001040504	开发成本	建筑安装工程费	户内精装修费	阳台
5001040505	开发成本	建筑安装工程费	户内精装修费	露台
50010406	开发成本	建筑安装工程费	室内水暖气电管线设备费	—
5001040601	开发成本	建筑安装工程费	室内水暖气电管线设备费	室内给排水系统费

序号	总分类科目	二级科目	三级科目	四级科目
5001040602	开发成本	建筑安装工程费	室内水暖气电管线设备费	室内采暖系统
5001040603	开发成本	建筑安装工程费	室内水暖气电管线设备费	室内燃气系统费
5001040604	开发成本	建筑安装工程费	室内水暖气电管线设备费	室内电气系统费
50010407	开发成本	建筑安装工程费	室内设备及其安装费	—
5001040701	开发成本	建筑安装工程费	室内设备及其安装费	空调及安装费
5001040702	开发成本	建筑安装工程费	室内设备及其安装费	电梯及安装费
5001040703	开发成本	建筑安装工程费	室内设备及其安装费	发电机及安装费
5001040704	开发成本	建筑安装工程费	室内设备及其安装费	高低压配电及安装费
5001040705	开发成本	建筑安装工程费	室内设备及其安装费	消防通风及安装费
5001040706	开发成本	建筑安装工程费	室内设备及其安装费	背景音乐及安装费
50010408	开发成本	建筑安装工程费	室内智能化系统费	
5001040801	开发成本	建筑安装工程费	室内智能化系统费	保安监控及停车管理系统费用
5001040802	开发成本	建筑安装工程费	室内智能化系统费	电信网络费用
5001040803	开发成本	建筑安装工程费	室内智能化系统费	卫星（有线）电视费用
5001040804	开发成本	建筑安装工程费	室内智能化系统费	三表远传系统费用
5001040805	开发成本	建筑安装工程费	室内智能化系统费	家居智能化系统费用

4.2.3　材料费的核算

各项工程耗用的主要材料和结构件，通常通过"领料单""退料单""已领未用材料清单""大堆材料耗用单"等材料凭证汇总计算。"已领未用材料清单"是对下月需要继续使用的月末施工现场存料，在月末由各施工队（组）按各项工程用料分别盘点后填制，应从当月领用材料总额中减去。大堆材料是指砖、瓦、砂、石等材料，这些材料常有几个单位工程共同耗用，领用次数又多，很难在领用时逐一加以点数，往往采用"算两头、轧中间"的办法来定期计算其实际用量，即对进场的大堆材料进行点数后，日常领用时不必逐笔办理领料手续，月末先计算定额耗用量。

本月定额耗用量＝∑（本月完成工程量×材料消耗定额）

再通过盘点求得实际耗用量，差异数量和差异分配率：

本月实际耗用量＝月初结存数量＋本月收入数量－月末盘点数量

差异数量＝本月实际耗用量－本月定额耗用量

差异分配率＝差异数量÷本月定额耗用量×100%

然后，求得各项工程实际耗用大堆材料数量和计划价格成本：

某项工程实际耗用大堆材料数量＝该工程定额耗用量×（1±差异分配率）

某项工程实际耗用大堆材料的计划价格成本＝该工程实际耗用大堆材料数量×计划单价

施工队（组）在施工过程中领用的周转材料，如模板、跳板、脚手架木等，一般可在领用时填制"领料单"，先将其成本记入各项工程成本，在工程完工时，再填制"退料单"将实际盘存数冲减工程成本。对租赁的周转材料，其租赁费可根据租赁费用账单计入各项工程成本。

采用自营方式进行建筑安装工程施工的开发项目，其发生的各项建筑安装支出，一般可直接计入开发成本核算对象的"建筑安装工程费"成本科目。

如果开发大型建筑安装工程，可以设置"合同履约成本——工程施工""施工间接费用"等科目，月末再转入开发成本——建筑安装工程费。

【例4-4】世通房地产有限公司自行开发建设绿苑小区，2024年1月23日采购建筑材料一批价值130万元，取得增值税专用发票注明税额16.90万元。材料款已转账支付。

借：合同履约成本——工程施工——建筑材料　　1 300 000

　　应交税费——应交增值税（进项税额）　　169 000

　　贷：银行存款　　1 469 000

1月31日，施工项目地领用建筑材料70万元。

借：开发成本——建筑安装工程费　　700 000

　　贷：合同履约成本——工程施工——建筑材料　　700 000

如果开发大型建筑安装工程，可以借记"合同履约成本"科目。

4.2.4 人工费的核算

工程成本中的人工费，对计件工人的工资，可直接根据"工程任务单"中工资总额，汇总计入各项工程的成本。

"工程任务单"是施工员根据施工作业计划于施工前下达给工人班组的具体工作通知，也是用以记录实际完成工程数量、计算奖金或计件工资的凭证。通常于施工前由施工员会同定额员根据施工作业计划和劳动定额，参照施工图纸，分班组签发。任务单中工程完工后，施工员应根据工程任务单中规定的各项条件进行检查，并会同质量检查员进行验收，评定质量等级。实际验收数量与签发的工程数量有出入时，应查明原因并经领导批准后才能结算。每月签发的工程任务单，应于月末全部进行结算。如某些工程尚未全部完工，即将其完工部分按估计数进行结算，未完工部分可结合下月施工作业计划中的工程任务，再签发给原来的班组，使当月完成的工程和当月应发的工资奖金于当月结算。

对计时工人的工资和职工福利费，可根据按工程项别汇总的工时汇总表中各项工程耗用的作业工时总数和各该施工单位的平均工资率计算。所谓施工单位平均工资率，就是以月份内各该施工单位建筑安装工人作业工时总和，除建筑安装工人作业工时总和所得的商数，计算公式如下：

某施工单位平均工资率（元/时）=月份内施工单位建筑安装工人工资总额÷月份内该施工单位建筑安装工人作业工时总和

用施工单位平均工资率乘以各项工程耗用的工时，就可计算各项工程在某月份内应分配的人工费：

各项工程分配的工资=该项工程耗用工时×施工单位平均工资率

【例4-5】平安房地产有限公司第二建筑队承接玫瑰公寓部分项目精装修工程。工程施工任务单，见表4-4。

表4-4 工程施工任务单

工程项目：玫瑰公寓　　　　　　　　　施工单位：平安房地产有限公司
施工班组：第二建筑队　　　　　　　　联系电话：×××××××

序号	项目明细	施工量（平方米）	单价（元/平方米）	小计（元）
1	大堂精装修	250	2 000	500 000

序号	项目明细	施工量（平方米）	单价（元/平方米）	小计（元）
2	楼梯间装修	600	800	480 000
3	层面装修	900	500	450 000
合计				1 430 000

注明：请会计核对后再确认工资，按领导核准比例支付款项，核对后再给予结算款；签证单附后

施工任务总价	大写：⊗壹佰肆拾叁万元整　　小写：￥1 430 000
施工已借款	大写：＿＿＿　　　　小写：＿＿＿
扣除价款应付余款	大写：＿＿＿　　　　小写：＿＿＿

甲方现场负责人 签字：×× 2024年2月6日	项目负责人： 签字：×× 2024年2月6日	现场施工、安全负责人 签字：×× 2024年2月6日	会计 签字：×× 2024年2月6日	第二建筑队队长 签字：×× 2024年2月6日

支付第二建筑队人工费计入开发成本。

借：开发成本——建筑安装工程费——公共部分精装修费

　　　　　　　　　　　　　　　　1 430 000

　　贷：应付职工薪酬　　　　　　　　1 430 000

【例4-6】2024年1月，锦乡房地产有限公司下属第一工程队承建甲、乙两个施工项目，分别核算工程成本。本月发生的业务如下。

（1）本月为拆除旧厂房支付计时工资234 000元，甲项目耗用10天，乙项目耗用15天。

工资分配标准＝234 000÷（10＋15）＝9 360（元）

甲项目：10×9 360＝93 600（元）

乙项目：15×9 360＝140 400（元）

编制会计分录如下：

借：合同履约成本——工程施工——甲项目（人工费）　93 600

　　　　　　　　　　　　　——乙项目（人工费）　140 400

　　贷：应付职工薪酬——工资　　　　　　　　　　234 000

（2）本月为搅拌混凝土支付计件工资48 000元，甲项目耗用14吨，乙项目耗用6吨。

工资分配标准＝48 000÷（14＋6）＝2 400（元）

甲项目：14×2 400＝33 600（元）

乙项目：6×2 400＝14 400（元）

编制会计分录如下：

借：合同履约成本——工程施工——甲项目（人工费）　33 600

　　　　　　　　　　　　　　——乙项目（人工费）　14 400

　　贷：应付职工薪酬——工资　　　　　　　　　　　　　　48 000

4.2.5　机械使用费的核算

施工单位因采用机械化施工使用施工机械而发生的各项费用，应另行组织核算。因为使用施工机械而发生的机械使用费，单独计入工程成本的"机械使用费"项目。

机械使用费的内容，一般包括以下几项：

（1）人工费，机上操作人员的工资和职工福利费。

（2）燃料、动力费，施工机械耗用的燃料、动力费。

（3）材料费，施工机械耗用的润滑材料和擦拭材料等费用。

（4）折旧、修理费，对施工机械计提的折旧费、应付修理费和租入机械的租赁费。

（5）替换工具、部件费，施工机械使用的传动皮带、轮胎、胶皮管、钢丝绳、变压器、开关、电线、电缆等替换工具和部件的摊销费和维修费。

（6）运输装卸费，将施工机械运到施工现场、运离施工现场和在工地范围内转移的运输、安装、拆卸及试车等费用，若运往其他施工现场，运出费用由其他施工现场的工程成本负担。

（7）辅助设施费，为使用施工机械建造、铺设的基础、底座、工作台、行走轨道等费用。施工机械的辅助设施费，如数额较大，可先记入"长期待摊费用"账户，然后按照现场施工期限分次从"长期待摊费用"账户转入"合同履约成本——工程施工　　机械使用费"账户，摊入各月工程成本。

（8）养路费、牌照税，为施工机械，如铲车、压路机等缴纳的养路费和牌照税。

（9）间接费，机械施工队组织机械施工、管理机械发生的费用和停机棚的折旧、修理费。

至于施工机械所加工的材料，如搅拌混凝土时所用的水泥、砂、石等，应记入工程成本的"材料费"项目；为施工机械担任运料、配料和搬运成品工人的工资，应记入工程成本的"人工费"项目；土建施工队因组织机械施工而发生的有关管理费，一般应记入"施工间接费用"的有关项目，不列作施工机械使用费。

机械使用费的总分类核算，应先在"合同履约成本——工程施工——机械使用费"账户进行。施工单位发生的各项机械使用费，都要自"库存材料""低值易耗品""材料成本差异""应付职工薪酬""银行存款""累计折旧"等账户的贷方转入"合同履约成本——工程施工——机械使用费"账户的借方。

机械使用费的明细分类核算，对大型机械可按各机械分别进行；对中型机械一般可按机械类别进行。至于那些没有专人使用的小型施工机械，如打夯机、卷扬机、砂浆机、钢筋木工机械等的使用费，可合并计算它们的折旧、修理费。

机械使用费的分配，一般都以施工机械的工作台时（或工作台班或完成工作量）为标准。各施工机械对各项工程施工的工作台时，可以根据各种机械的使用记录，在"机械使用月报"中加以汇总。

台班作为工程中的常用单位，是指机器设备单位时间利用情况的一种复合计量单位。台班由"台"和"班"组成，"台"是指机械设备的单位，如"一台汽车，两台挖掘机等"；"班"是指"工作按时间分成的段落"，比如"夜班、白班、三班倒等"，依照我国的工作时段规定，一个"班"指8个小时的工作时段。

合同计价标准一般为：每台班定额8小时，现场实际工作不足4小时按0.5个台班计费；超过4小时不足8小时以内为1台班；连续作业超过8小时后，超出部分工作时间按小时计费，不足一小时按一小时计算。

根据机械使用费明细分类账记录的机械使用费合计数和机械使用月报中各项工程的工作台时，就可通过下列算式将机械使用费进行分配。

某项工程应分配的机械使用费＝该项工程使用机械的工作台时×机械使用费合计÷机械工作台时合计

对于各种中型机械的机械使用费的核算，也可不分机械种类进行。在这种情况下，对于各项工程应分配的机械使用费，可在月终根据机械使用月报中各种机械的工作台时合计分别乘该种机械台时费计划数，求得当月按各种机械台时费计划数计算的机械使用费合计，然后与当月实际发生的机械使用费合计数比较，求得机械使用费实际数对按台时费计划数的百分比，再将各项工程按台时费计划数计算的机械使用费进行调整。

某项工程应分配的机械使用费＝∑（该工程使用机械的工作台时×机械台时费计划数）×实际发生的机械使用费÷∑（机械工作台时合计×该机械台时费计划数）

【例4-7】亚光房地产有限公司承建甜水园小区，采用起重机和机械液压挖掘机进行作业。起重机的台时费计划数为30元，机械液压挖掘机的台时费计划数为42元。本月实际发生机械使用费44 100元。根据施工项目计划，资料如下。

各种施工机械按台时费计划数计算的机械使用费合计金额，见表4-5。

表4-5　各种施工设备机械计划使用费的计算

设备类型	台时（小时）	计划台时费用（元）	总计（元）
桥式类型起重机械	230	30	6 900
机械液压挖掘机	400	42	16 800
其他机械	—	—	21 300
合计	630	—	45 000

（1）计算机械使用费实际数对按台时费计划数计算的百分比。

44 100÷45 000×100％＝98％

（2）将各项工程按台时费计划数计算的机械使用费按实际数加以调整。

假设1号单元楼建筑工程按各机械工作台时和按台时费计划数计算的机械使用费合计数为102 000元，则应分配的机械使用费为：

102 000×98％＝99 960（元）

对于分配于各项工程成本的机械使用费，应自"合同履约成本——工程施工——机械使用费"账户的贷方转入"合同履约成本——工程施工"账户的借方，并记入各项工程成本的"机械使用费"项目：

借：合同履约成本——工程施工　　　　　　　　　　44 100
　　贷：合同履约成本——工程施工——机械使用费　　44 100

对于小型施工机械的折旧、修理费，可于月末按各项工程的工料费或工作量的比例，分配计入各项工程成本的"机械使用费"项目。

【例4-8】2024年2月，瀛海房地产有限公司下属第一工程队承建甲、乙两个施工项目，分别核算工程成本。本月机械使用费分配见表4-6。

表 4-6　自营工程机械使用费分配表

2024 年 2 月　　　　　　　　　　　　　　　　　单位：元

核算对象		甲项目	乙项目	合　计
塔式吊车	本月发生额	—	—	40 800
	台班数（小时）	64	72	136
	分配率（元/时）	300		—
	工程分配金额	19 200	21 600	—
混凝土搅拌车	本月发生额	—	—	67 500
	台班数（小时）	100	50	150
	分配率（元/时）	450		—
	工程分配金额	45 000	22 500	—
平地机	本月发生额	—	—	110 600
	台班数（小时）	80	60	140
	每台班成本	790		—
	工程分配金额	63 200	47 400	—
合　　计		127 400	91 500	218 900

根据上表，对甲项目应分摊的机械使用费编制会计分录如下：

借：合同履约成本——工程施工——甲项目（机械使用费）

127 400

贷：合同履约成本——工程施工——机械作业（塔式吊车）

19 200

——工程施工——机械作业（混凝土搅拌车）

45 000

——工程施工——机械作业（平地机）

63 200

根据上表，对乙项目应分摊的机械使用费编制会计分录如下：

借：合同履约成本——工程施工——乙项目（机械使用费）

91 500

贷：合同履约成本——工程施工——机械作业（塔式吊车）

21 600

——工程施工——机械作业（混凝土搅拌车）

22 500

——工程施工——机械作业（平地机）

                        47 400

4.2.6　设备租赁费的核算

《企业会计准则第 21 号——租赁》第二条规定："租赁，是指在一定期间内，出租人将资产的使用权让与承租人以获取对价的合同。"在此准则下，承租人不再将租赁区分为经营租赁或融资租赁，而是采用统一的会计处理模型，对短期租赁和低价值资产租赁以外的其他所有租赁，均要求确认使用权资产和租赁负债，并分别计提折旧和利息费用。

1. 承租人的会计处理

（1）初始计量会计分录如下：

借：使用权资产（尚未支付的租赁付款额的现值等）

    租赁负债——未确认融资费用（差额）

    贷：租赁负债——租赁付款额（尚未支付的租赁付款额）

        预付账款（租赁期开始日之前支付的租赁付款额，扣除已享受的租赁激励）

        银行存款（初始直接费用）

        预计负债（预计将发生的为拆卸及移除租赁资产、复原租赁资产所在场地或将租赁资产恢复至租赁条款约定状态等成本的现值）

（2）后续计量。

①确认租赁负债的利息时：

借：财务费用——利息费用/在建工程等

    贷：租赁负债——未确认融资费用（增加租赁负债的账面金额）

②支付租赁付款额时：

借：租赁负债——租赁付款额（减少租赁负债的账面金额）

    贷：银行存款等

③因重估或租赁变更等原因导致租赁付款额发生变动时，重新计量租赁负债的账面价值。

2. 出租人的会计处理

（1）初始计量账务处理。

借：应收融资租赁款——租赁收款额（尚未收到的租赁收款额）

　　　　　　——未担保余值（预计租赁期结束时的未担保余值）
　　银行存款（已经收取的租赁款）
　　贷：融资租赁资产（账面价值）（业务不多，也可通过固定资产核
　　　　算）
　　　　资产处置损益（公允价值——账面价值）（或借）
　　　　银行存款（发生的初始直接费用）
　　　　应收融资租赁款——未实现融资收益
　（2）后续计量账务处理。
　借：银行存款
　　贷：应收融资租赁款——租赁收款额
　借：应收融资租赁款——未实现融资收益
　　贷：租赁收入/其他业务收入

【例 4-9】向明房地产公司从乙公司租入 10 部大型挖掘机，签订了为期
5 年的租赁协议，并拥有 4 年续租选择权。相关资料如下。

　（1）初始租赁期内不含税租金为 200 000 元/年，续租期为 24 000 元/年，
所有款项应于每年年初支付；

　（2）为获得此项租赁，向明房地产公司发生初始直接费用为 8 000 元；

　（3）在租赁期开始日，向明房地产公司认为，不能合理确定将行使续租
选择权，因此将租赁期确定为 5 年；

　（4）向明房地产公司无法确定租赁内含利率，其增量借款年利率为 4%。

　为简化处理，本题不考虑相关税费的影响。已知 $(P/A, 4\%, 4) = 3.629\ 9$。

　向明房地产公司会计处理如下。

　第一步，计算租赁期开始日租赁付款额的现值，并确认租赁负债和使用
权资产。租赁期开始日，向明房地产公司支付第一年租金 200 000 元，剩余 4 年
租赁付款额＝200 000×4＝800 000（元）

　租赁负债＝200 000×$(P/A, 4\%, 4)$＝200 000×3.629 9＝725 980（元）

　未确认融资费用＝剩余 4 年租赁付款额－租赁负债
　　　　　　　＝800 000－725 980＝74 020（元）

　借：使用权资产　　　　　　　　　　　　　　　　925 980
　　　租赁负债——未确认融资费用　　　　　　　　 74 020
　　　贷：租赁负债——租赁付款额　　　　　　　　　　　　800 000

银行存款（第1年的租赁付款额）   200 000

第二步，将初始直接费用计入使用权资产的初始成本。

借：使用权资产   8 000

    贷：银行存款   8 000

向明房地产公司使用权资产的初始成本为：925 980＋8 000＝933 980（元）

后续利息费用计算：800 000×4%＝32 000（元）

借：财务费用   32 000

    贷：租赁负债——未确认融资费用   32 000

【例4-10】2023年12月1日，向阳机械厂与永晖设备厂签订一份租赁合同，从永晖设备厂租入全新切割机，使用寿命为5年。租赁合同主要条款如下：

（1）租赁开始日：2024年1月1日。

（2）租赁期为4年。

（3）固定租金支付：自2024年1月1日，每年年末支付租金100 000元。

（4）租赁开始日租赁资产的公允价值：该设备在2023年12月31日的公允价值为380 000元，账面价值300 000元。

（5）初始直接费用：签订租赁合同过程中永晖设备公司发生可归属于租赁项目的费用为8 000元。

（6）承租人的购买选择权：租赁期满时，向阳机械厂享有优惠购买该机器的选择权，购买价为10 000元，估计该日租赁资产的公允价值为50 000元。

（7）担保余值和未担保余值均为0。

（8）合同约定内含利率为2.4%。

解析：①本项租赁为融资租赁。租赁收款额包括租金、承租人购买选择权的行权价格10 000元。

租赁收款额＝100 000×4＋10 000＝410 000（元）

本例中租赁投资总额＝100 000×4＋10 000＋0＝410 000（元）

②确认租赁投资净额的金额和未实现融资收益。

（租赁投资净额在金额上等于租赁资产在租赁期开始日公允价值380 000元加上出租人发生的租赁初始费用8 000元，即388 000元。

未实现融资收益＝租赁投资总额－租赁投资净额＝410 000－388 000＝22 000（元）

③2024年1月1日，永晖设备厂编制会计分录如下。

借：应收融资租赁款——租赁收款额   410 000

  贷：融资租赁资产   300 000

    资产处置损益(或借)(资产公允价值与账面价值差额)

                     80 000

    银行存款（初始费用）   8 000

    应收融资租赁款——未实现融资收益   22 000

④计算租赁期内各期利息收入，见表4-7。

表 4-7 租赁期内各期利息收入   单位：元

日 期	租金①	利息收入 ②＝期初③×2.4%	租赁投资净额余额 期末③＝期初③－①＋②
2024 年 1 月 1 日	—	—	388 000
2024 年 12 月 31 日	100 000	9 312	297 312
2025 年 12 月 31 日	100 000	7 135.49	20 4447.49
2026 年 12 月 31 日	100 000	4 906.74	109 354.23
2027 年 12 月 31 日	100 000	645.77*	10 000
2027 年 12 月 31 日	10 000		
合 计	410 000	—	—

*尾数调整：645.77＝100 000＋10 000－109 354.23

⑤2024年12月31日，收到第一期租金时。

借：银行存款   100 000

  贷：应收融资租赁款——租赁收款额   100 000

借：应收融资租赁款——未实现融资收益   9 312

  贷：租赁收入   9 312

4.2.7　其他直接费的核算

工程成本中的"其他直接费"，是指在施工现场直接发生但不能计入"材料费"、"人工费"和"机械使用费"项目的其他直接发生的费用，主要包括：

（1）施工过程中耗用的水、电、风、汽费；

（2）冬、雨季施工费包括为保证工程质量，采取保温、防雨措施所需增加的材料、人工和各项设施费用；

（3）因场地狭小等原因而发生的材料搬运费；

（4）土石运输费。

此外，还包括生产工具用具使用费、检验试验费、工程定位复测费、工程点交费、场地清理费等。

事实上，其他直接费是工程直接费用的组成部分。在计算建筑安装工程造价时，按规定的取费率计算，也可直接计入预算定额分项中，但不得重复计算。在实际工作中，其他直接费中的一些费用很难与施工生产中发生的正常的人工费、材料费区分清楚，可按照费率计取计入"人工费""材料费"等成本项目内核算。为了使实际成本与预算定额的口径一致，在编制成本报表时，应将预算成本的成本项目按照要求进行调整。

【例4-11】2024年3月，宏大建筑有限公司承担某商业公司办公大楼A座、B座其他直接费用总计，其中，发生工程电费18 900元，总用电37 800千瓦·时；工程水费91 250元、用水36 500吨；场地清理费84 500元，场地面积8 450平方米，以上按工料成本比例分配。根据上述资料和施工统计资料编制"其他直接费分配表"见表4-8。

表4-8 其他直接费分配表

2024年3月31日   单位：元

核算对象	电费		水费		场地清理费	
	耗用度数（千瓦时）	分配金额	耗用吨数（吨）	分配金额	场地面积（平方米）	分配金额
总金额	37 800	18 900	36 500	91 250	8 450	84 500
分配率	0.5（元/千瓦·时）		2.5（元/吨）		10（元/平方米）	
办公楼A座	21 400	10 700	19 000	47 500	4 200	42 000
办公楼B座	16 400	8 200	17 500	43 750	4 250	42 500

根据"其他直接费分配表"，会计分录如下。

（1）分配电费。

借：合同履约成本——工程施工——合同成本（办公楼A座，其他直接费）

　　　　　　　　　　　　　　　　　　　　　　　　10 700

——合同成本（办公楼 B 座，其他直接费）

8 200

    贷：银行存款   18 900

 （2）分配水费。

  借：合同履约成本——工程施工——合同成本（办公楼 A 座，其他直接费）

47 500

——合同成本（办公楼 B 座，其他直接费）

43 750

    贷：银行存款   91 250

 （3）分配场地清理费。

  借：合同履约成本——工程施工——合同成本（办公楼 A 座，其他直接费）

42 000

——合同成本（办公楼 B 座，其他直接费）

42 500

    贷：应付账款   84 500

 【例 4-12】 2024 年 4 月，宏大建筑有限公司建设厂房，石材需要二次搬运，发生搬运费 9 080 元；为砖墙混凝土发生测试费 12 000 元，领用雨布 3 000 米，价款 4 000 元。编制会计分录如下。

  借：合同履约成本——工程施工——合同成本（厂房，其他直接费）

9 080

    贷：应付职工薪酬   9 080

  借：合同履约成本——工程施工——合同成本（厂房，其他直接费）

12 000

    贷：库存现金   12 000

  借：合同履约成本——工程施工——合同成本（厂房，其他直接费）

4 000

    贷：周转材料——低值易耗品   4 000

4.2.8 施工间接费用的核算

  工程成本中除了上述的各项直接费外，还包括施工单位组织施工、管理所发生的各项费用。这些费用，虽为组织施工、管理所必需，但是不能确定

117

其为某项工程成本所应负担，因而无法将它直接计入各项工程成本。为了简化核算手续，都将它先记入"施工间接费用"账户，然后将它分配计入各项工程成本。

施工间接费用的内容，一般包括：

（1）管理人员工资，是指施工单位管理人员的工资、工资性津贴、补贴等。

（2）职工福利费，是指实际发生的福利费不超过施工单位管理人员工资总额的一定比例（目前为14％）的职工福利费可在企业所得税税前扣除。

（3）折旧费，是指施工单位施工管理使用属于固定资产的房屋、设备、仪器等的折旧费。

（4）修理费，是指施工单位施工管理使用属于固定资产的房屋、设备、仪器等的经常修理费和大修费。

（5）工具用具使用费，是指施工单位施工管理部门使用不属于固定资产的工具、器具和检验、试验、消防用具等的购置、摊销和修理费。

（6）办公费，是指施工单位管理部门办公用的文具、纸张、账表、印刷、邮电、书报、会议、水电、烧水和集体取暖用煤等的费用。

（7）差旅交通费，是指施工单位职工因公出差、调动工作的差旅费、外勤补助费、市内交通和误餐补助费、上下班交通补贴、职工探亲路费、职工离退休退职一次性路费、工伤人员就医路费，以及施工单位管理部门使用的交通工具的油料、燃料、养路费、牌照费等。

（8）劳动保护费，是指用于施工单位职工的劳动保护用品和技术安全设施的购置、摊销和修理费，供职工保健用的解毒剂、营养品、防暑饮料、洗涤肥皂等物品的购置费和补助费以及工地上职工洗澡、饮水的燃料费等。

（9）其他费用，是指上列各项费用以外的其他间接费用。

施工单位发生的间接费用，在总分类核算上，应在"施工间接费用"账户进行。发生的各项施工间接费用，都要自"原材料""周转材料""材料成本差异""应付职工薪酬""银行存款""库存现金""累计折旧"等账户的贷方转入"施工间接费用"账户的借方。

【例4-13】2024年4月，宏大建筑有限公司行政管理部门当月领用墙体涂料40公斤，共计8 000元；应付管理人员工资87 500元；购买办公用品1 000元，用银行存款支付；计提计算机折旧费用9 640元。

借：施工间接费用   106 140
  贷：原材料——墙体涂料   8 000
    应付职工薪酬   87 500
    银行存款   1 000
    累计折旧   9 640

施工单位搭建的为进行施工所必需的生产和生活用的临时宿舍、仓库、办公室等临时设施，应将其搭建支出先记入"递延资产"账户，然后分月摊销记入"施工间接费用"账户。

施工间接费用的明细分类核算，应按施工单位设置"施工间接费用明细分类账"，将发生的施工间接费用按明细项目分栏登记。

每月终了，应对施工间接费用进行分配。

某项工程本期应分配的施工间接费用＝本期实际发生的施工间接费用×该项工程本期实际发生的直接费（或人工费）×该项工程规定的施工间接费用定额÷∑［各项工程本期实际发生的直接费（或人工费）×各项工程规定的施工间接费用定额］

在实际核算工作中，对于施工间接费用的分配，往往先计算本期实际发生的施工间接费用对按施工间接费用定额计算的施工间接费用的百分比，再将各项工程按定额计算的施工间接费用进行调整，即将上列算式改为：

某项工程本期应分配的施工间接费用＝［该项工程本期实际发生的直接费（或人工费）×该项工程本期规定的施工间接费用定额］×本期实际发生的施工间接费用÷∑［各项工程本期实际发生的直接费（或人工费）×各项工程规定的施工间接费用定额］

【例4-14】2024年4月，宏大建筑有限公司开发景帝园12号楼、13号楼、14号楼，发生施工间接费用103 600元，各项工程在5月内发生的直接费和施工间接费用定额，见表4-9。

表4-9 相关数据   单位：元

项　　目	直接费用	施工间接费用定额占直接费用的比率
12号楼	128 000	5%
13号楼	224 000	5%
14号楼	240 000	5%

各幢楼分配施工间接费用如下：

12号楼应分配的施工间接费用＝128 000×5%×［103 600÷（128 000×5%＋224 000×5%＋240 000×5%）］

＝6 400×［103 600÷（6 400＋11 200＋12 000）］

＝6 400×（103 600÷29 600）

＝22 400（元）

13号楼应分配的施工间接费用＝224 000×5%×［103 600÷（128 000×5%＋224 000×5%＋240 000×5%）］

＝11 200×［103 600÷（6 400＋11 200＋12 000）］

＝11 200×（103 600÷29 600）

＝39 200（元）

14号楼应分配的施工间接费用＝240 000×5%×［103 600÷（128 000×5%＋224 000×5%＋240 000×5%）］

＝12 000×［103 600÷（6 400＋11 200＋12 000）］

＝12 000×（103 600÷29 600）

＝42 000（元）

4.3 发包工程及其价款结算

房地产开发企业的基础设施和建筑安装等工程的施工，如不采用自营方式，也可以采用发包方式。对发包的基础设施和建筑安装工程，一般采用招标、议标方式，通过工程公开招标或邀请施工企业议标，将工程发包给施工企业的，按工程标价进行结算。开发企业要根据工程承包合同条例的规定，同承包工程的施工企业签订工程承包合同。承包合同是发包开发企业和承包施工企业为了完成承发包工程，根据批准的设计文件和中标标函内容所签订，明确双方相互权利、义务关系的协议。

一般应具备以下主要内容：①工程名称和地点；②工程范围和内容；③开工、竣工日期；④工程质量、保修期及保修条件；⑤工程造价；⑥工程价款的支付、结算及交工验收办法；⑦设计文件和技术资料提供日期；⑧材料、设备的供应和进场期限；⑨双方相互协作事项和违约责任等。开发企业应将承包合同副本送开户银行作为结算工程价款的依据。

4.3.1 发包工程价款的结算方式

房地产开发企业与施工企业在工程承包合同中规定的工程价款的结算，应根据国家有关工程价款结算办法，结合当地的有关规定具体确定。从目前各个地区所采用的工程价款结算办法来看，归纳起来，主要有如下三种。

1. 按月结算

按月结算是指按照每月实际完成的分部、分项工程进行结算，因为建筑安装工程等虽具有个体性的特点，但不同的工程，都是由一定的分部、分项工程构成的。每一个分部、分项工程，都有一定的施工内容、质量标准和统一的计量单位，并在短期内可以完成。国家为了管理工程造价而制订的工程预算定额和地区预算造价，都是以分部、分项工程为基础的。因此，根据经验收合格的各月份的已完分部、分项工程的工程数量和预算单价等计算的工程造价，就是各该月份应结算和支付的工程款。如果招标出包工程，工程标价与工程造价不同时，应按工程标价占工程预算造价的百分比进行调整计算。在具体做法上，各个地区也不尽相同。目前，一般都实行月中预付、月终结算，即在月中按照当月施工计划所列的工作量一半预付，月末（实际为下月初）按照各工程当月实际完成工作量（即预算造价或调整计算后的工程标价）扣除月中预付款后进行结算。

2. 分段结算

分段结算就是将一个单位工程按形象进度划分为几个阶段（部位），如基础、结构、装饰、竣工等；按照完成阶段，分段验收结算工程价款。分段结算也可按月预付工程款，即在月中按照当月施工计划工作量预付，于工程阶段完成验收后，扣除预付款进行结算。

3. 竣工一次性结算

竣工一次性结算开发项目或单项工程施工工期在 12 个月以内，或者工程承包合同价值较小的，可以实行工程价款每月月中预支、竣工后一次结算，即在工程开工后，每月按当月施工计划所列工作量预付工程款，于工程竣工验收后按工程承包合同价值扣除预付工程款后进行结算。

总之，不论采用何种结算办法，施工期间结算的工程价款一般都不得超过承包工程合同价值的 95%。结算双方可以在 5%的幅度内协商确认尾款比例，并在工程承包合同中订明。尾款应专户存入银行，等工程竣工验收后清算。但如承包施工企业已向开发企业出具履约保函或有其他保证的，可以不留工程尾款。

以发包方式进行建筑安装工程施工的开发项目，根据企业支付的已完工程价款，直接计入开发成本核算对象的建筑安装工程费成本项目。

4.3.2 应付工程款的核算

房地产开发企业与施工企业有关发包工程款和预付备料款、工程款的核算，应在"应付账款——应付工程款"和"合同资产——预付承包单位款"两个账户进行。开发企业按照规定预付给承包施工企业的备料款和工程款，应记入"合同资产——预付承包单位款"账户的借方；按照工程价款结算账单应付给承包施工企业的工程款，应记入"开发成本——房屋开发成本"等账户的借方和"应付账款——应付工程款"账户的贷方。如有扣除应付工程款的预付备料款和预付工程款时，应将扣回的预付备料款和预付工程款记入"合同资产——预付承包单位款"账户的贷方，"应付账款——应付工程款"账户的贷方仅记录减去扣回预付备料款和预付工程款后的应付账款。支付工程款时，记入"应付账款——应付工程款"账户的借方和"银行存款"等账户的贷方。

【例 4-15】正通房地产有限公司与宏大建筑有限公司签订发包工程合同总金额为 4 200 万元。合同约定，预付施工工程款 420 万元，以银行存款支付。

借：合同资产——宏大建筑有限公司——预付承包单位款

　　　　　　　　　　　　　　　　　　　　　4 200 000

　贷：银行存款　　　　　　　　　　　4 200 000

工程价款结算时，根据施工单位提供的工程价款结算单中已完工工程价值 2 400 万元，增值税 216 万元。

借：开发成本——建筑安装工程费　　　24 000 000

　　应交税费——应交增值税（进项税额）　2 160 000

　贷：合同资产——宏大建筑有限公司——预付承包单位款

　　　　　　　　　　　　　　　　　　　　　4 200 000

　　　应付账款——宏大建筑有限公司——应付工程款

　　　　　　　　　　　　　　　　　　　　　21 960 000

支付时。

借：应付账款——宏大建筑有限公司——应付工程款

                                                                     21 960 000

    贷：银行存款   21 960 000

【例 4-16】2024 年 1 月 15 日，正通房地产开发公司与宏大建筑有限公司签订一期高层 18 号楼住宅基础工程施工合同。宏大建筑有限公司为一般纳税人，适用一般计税方法。

5 月 15 日，基础工程完成，收到工程部门转来的工程计量报告和施工单位的增值税普通发票，价税合计金额为 261.60 万元。

（1）5 月 15 日，以银行转账方式结算基桩工程款。

借：开发成本——18 号楼住宅——建安工程费   2 616 000

    贷：银行存款   2 616 000

（2）5 月 18 日，以银行转账方式支付桩基检测费 20 万元。

借：开发成本——18 号楼住宅——建安工程费   200 000

    贷：银行存款   200 000

（3）6 月 20 日，收到宏大建筑有限公司转来的主体工程建筑款 480 万元，收到增值税专用发票，注明税款 432 000 元。

借：开发成本——18 号楼住宅——建安工程费   4 800 000

    应交税费——应交增值税（进项税额）   432 000

    贷：应付账款——宏大建筑有限公司   5 232 000

（4）7 月 30 日，收到宏大建筑有限公司转来的安装工程、装饰工程进度结算单，金额为 150 万元，收到增值税专用发票，注明税款 13.5 万元。

借：开发成本——18 号楼住宅——建安工程费   1 500 000

    应交税费——应交增值税（进项税额）   135 000

    贷：应付账款——宏大建筑有限公司   1 635 000

4.4 甲供工程的核算

房地产开发企业与建筑工程施工企业之间签订的建筑安装承包合同，分为包工包料方式与包工不包料方式。

4.4.1 甲供材料的含义

甲供材料是指由基本建设单位提供原材料，施工单位仅提供建筑劳务的工程，简称"甲供工程"。由房地产开发企业与工程施工单位签订一份材料供应及价款结算合同，合同中规定房地产开发工程项目中所使用的主要材料由开发商统一购入，材料价款的结算按照合同中规定的价格结算，数量按照房地产开发企业调拨给分包商数量结算。即"甲供料"方法中，材料的价格风险由房地产开发企业承担，材料的数量风险由各工程施工单位承担。房地产开发企业根据各工程项目进度预算出所需要的材料量来采购材料，购入材料时作为房地产开发企业的材料成本入账，工程施工单位使用材料时由房地产开发企业材料部门填制调拨单，材料部门把这些调拨单给预算部门，预算部门在与工程施工单位结算时将这部分材料款从结算总额中剔除。

施工单位有对建设单位进行检查的义务，如果因施工单位未检查而材料不合格就应用到工程上，施工单位同样要承担相应的责任。从工程计价角度说：预算时甲供材必须进入综合单价；工程结算时，一般是扣除甲供材料费的 99%，有 1% 作为甲供材料保管费。它是指在房地产开发企业与工程施工单位之间材料供应和管理核算的一种方法。

房地产开发企业实际发生的土地征用费及拆迁补偿费、基础设施费及向施工单位提供建筑材料、支付施工单位工程款等支出，应根据相应的合法凭证与清单计入开发产品的开发成本，对于甲供材料的账务处理，税法明确规定应由房地产开发企业记入"开发成本——施工设备、材料"。

对甲供材料不能即时取得发票的企业，可按计划成本核算，并按财务制度规定进行材料成本差异的核算。

4.4.2 包工包料会计处理

如果是包工包料方式，其建安成本就是乙方建筑公司提供的建安发票作为记账依据，计入开发成本科目核算。

【例 4-17】天通世衡房地产开发公司与海创建筑有限公司签订甲项目建筑安装施工合同，工程总造价为 9 810 万元。本月收到海创建筑有限公司的工程价款结算单与增值税发票金额合计为 2 180 万元，工程价款结算单见表 4-10。

借：开发成本——甲项目——建筑安装工程费　　20 000 000

　　应交税费——应交增值税（进项税额）　　1 800 000

　　贷：应付账款——应付工程款——海创建筑有限公司

　　　　　　　　　　　　　　　　　　　　21 800 000

表 4-10　工程价款结算单

合同项目名称：甲项目

施工单位名称：海创建筑有限公司　2024 年 5 月 30 日

项目编号	项目名称	计量单位	单价	合同量		承包单位本月申报量		本期末累计完成		业主方审核量			
										本期完成		本期末累计完成	
				工程量（平方米）	金额（万元）	工程量（平方米）	金额（万元）	工程量（平方米）	金额（万元）	工程量（平方米）	金额（万元）	工程量（平方米）	金额（万元）
GT30	甲项目	—	—	10 000	9 810	2 000	2 180	2 000	2 180	2 000	2 180	2 000	2 180
工程量支付合计											2 180		2 180
工程预付款				—	—	—	—	—	—	—	—	—	—
合计支付				—	—	—	—	—	—	—	—	—	—
扣押预付款				—	—	—	—	—	—	—	—	—	—
保留金				—	—	—	—	—	—	—	—	—	—
净支付				—	—	—	—	—	—	—	—	—	—

4.4.3　包工不包料会计处理

如果是包工不包料（主料或辅助材料等）方式也叫甲供材承包工程。甲供材承包方式，是指由房地产开发公司自行采购材料。

【例 4-18】天通世衡房地产开发公司与海创建筑有限公司签订 H 项目建筑安装施工合同，H 项目总造价为 5 424 万元。其中，H 项目所需的主要材料由房地产开发公司自行采购后交付给海创建筑有限公司，材料价税合计 1 582 万元。

（1）购买材料时。

借：工程物资——H 项目——主要材料　　　　　　　14 000 000

　　应交税费——应交增值税（进项税额）　　　　　　1 820 000

　　　贷：应付账款　　　　　　　　　　　　　　　　　　15 820 000

（2）交付给海创建筑有限公司时，有两种处理方法。

①交付材料时第一种方法。

借：合同资产——海创建筑有限公司　　　　　　　　15 820 000

　　　贷：工程物资——H 项目——主要材料　　　　　　14 000 000

　　　　　应交税费——应交增值税（销项税额）　　　　　1 820 000

海创建筑有限公司应按不含税金额计入工程成本，向天通世衡房地产开发公司办理工程价款结算时合并开具发票。

天通世衡房地产开发公司收到工程款发票时。

借：开发成本——H 项目——建筑安装工程费　　　　14 000 000

　　应交税费——应交增值税（进项税额）　　　　　　1 820 000

　　　贷：合同资产　　　　　　　　　　　　　　　　　　15 820 000

②交付材料时第二种方法。

借：开发成本——H 项目——建筑安装工程费　　　　14 000 000

　　　贷：工程物资——H 项目——主要材料　　　　　　14 000 000

由于天通世衡房地产开发公司直接将材料作为开发成本入账，海创建筑有限公司则不需要按含有材料款的金额向开发公司索要工程款。

4.5　基础设施费归集与分配

基础设施费是指项目开发过程中发生的小区内，建筑安装工程施工图预算项目之外的道路、供电、供水、供气、供热、排污、排洪、通信、照明、绿化等基础设施工程费用，红线外两米与大市政接口的费用，以及向水、电、气、热、通信等大市政公司交纳的费用。具体包括道路工程费、供电工程费、给排水工程费、煤气工程费、供暖工程费、通信工程费、电视工程费、照明工程费、景观绿化工程费、环卫工程费、安防智能化工程费，以及小区周围设置的永久性围墙、围栏支出、园区大门等。

供电工程费是指变（配）电设备的购置费，设备安装及电缆铺设费，供（配）电站费，电源建设费，交纳的电增容费等。给排水工程费是指自来水、雨（污）水排放、防洪等给排水设施的建造、管线铺设费用，以及向自来水公司交纳的水增容费等。煤气工程费是指煤气管道的铺设费、增容费、集资费、煤气发展基金、煤气挂表费等。供暖工程费是指暖气管道的铺设费、集资费。通信工程费是指电话线路的铺设、电话配套费、电话电缆集资费，交纳的电话增容费等。电视工程费是指小区内有线电视（闭路电视）的线路铺设和按规定应交纳的有关费用。照明工程费是指小区内路灯照明设施支出。景观绿化工程是指小区内景观建设、人工草坪、栽花、种树等绿化支出。环卫工程费是指小区内的环境卫生设施支出，如垃圾站（箱）、公厕等支出。安防智能化工程费是指小区内安防、监控工程费。

4.5.1　基础设施费的归集

对基础设施费的归集，能分清成本核算对象的，直接计入有关房屋开发成本核算对象的"基础设施费"成本项目。不能分清成本核算对象的，先将支出通过"开发成本——基础设施费——待分摊成本"账户归集，期末再采用一定的分配方法进行分配。

【例4-19】南方房地产开发公司2024年5月发生以下与基础设施费相关的业务。

（1）5月2日，B地块一期燃气设施安装工程完工，增值税专用发票的价款为100 000元，增值税税额为9 000元。

借：开发成本——B地块一期——基础设施费   100 000

    应交税费——应交增值税（进项税额）   9 000

    贷：银行存款   109 000

（2）5月3日，B地块一期道路污水工程完工结算工程款时，取得增值税专用发票的价款为50 000元，增值税税额为4 500元。

借：开发成本——B地块一期——基础设施费   50 000

    应交税费——应交增值税（进项税额）   4 500

    贷：银行存款   54 500

（3）5月10日，B地块一期绿化景观工程完工，结算工程款，取得增值税专用发票的价款为300 000元，增值税税额为27 000元。

借：开发成本——B地块一期——基础设施费   300 000

    应交税费——应交增值税（进项税额）   27 000

    贷：银行存款   327 000

4.5.2　基础设施费的分配

基础设施费可按建筑面积法进行分配；如果认为其他分配方法更合理，也可以采用其他方法对基础设施费进行分配。

【例4-20】南方房地产开发公司开发某一项目，一层为底商建筑面积20 000平方米，一层以上为住宅建筑面积80 000平方米，底商与住宅分别作为成本对象，本月支付室外给水管网安装工程费22 000元。

采用建筑面积分配方法如下：

底商承担室外给水管网安装工程费＝22 000÷100 000×20 000＝4 400（元）

住宅承担室外给水管网安装工程费＝22 000÷100 000×80 000＝17 600（元）

4.6　开发间接费用会计处理

开发间接费用是指房地产开发企业内部独立核算单位在开发现场组织管理开发产品而发生的各项费用。这些费用虽也属于直接为房地产开发而发生的费用，但它不能确定其为某项开发产品所应负担，因而无法将它直接记入各项开发产品成本。为了简化核算手续，先记入"开发间接费用"账户，然后按照适当分配标准，将它分配记入各项开发产品成本。

4.6.1　开发间接费用的组成和核算

为了组织开发间接费用的明细分类核算，分析各项费用增减变动的原因，进一步节约费用开支，开发间接费用应分设如下明细项目进行核算：

（1）工资，指开发企业内部独立核算单位现场管理机构行政、技术、经济、服务等人员的工资、奖金和津贴。

（2）福利费，指不超过上项人员工资总额的一定比例（目前为14％）发生的职工福利费。

（3）折旧费，指开发企业内部独立核算单位使用属于固定资产的房屋、设备、仪器等提取的折旧费。

（4）修理费，指开发企业内部独立核算单位使用属于固定资产的房屋、设备、仪器等发生的修理费。

（5）办公费，指开发企业内部独立核算单位各管理部门办公用的文具、纸张、印刷、邮电、书报、会议、差旅交通、烧水和集体取暖用煤等费用。

（6）水电费，指开发企业内部独立核算单位各管理部门耗用的水电费。

（7）劳动保护费，指用于开发企业内部独立核算单位职工的劳动保护用品的购置、摊销和修理费，供职工保健用营养品、防暑饮料、洗涤肥皂等物品的购置费或补助费，以及工地上职工洗澡、饮水的燃料等。

（8）周转房摊销，指不能确定为某项开发项目安置拆迁居民周转使用的房屋计提的摊销费。

（9）利息支出，指开发企业为开发房地产借入资金所发生的却不能直接计入某项开发成本的利息支出及相关的手续费，但应冲减使用前暂存银行而发生的利息收入。开发产品完工以后的借款利息，应作为财务费用，计入当期损益。

（10）其他费用，指上列各项费用以外的其他开发间接费用支出。

从开发间接费用的明细项目中，可以看出与土地征用及拆迁补偿费、建筑安装工程费等变动费用不同，开发间接费用属于相对固定的费用，其费用总额并不随着开发产品量的增减而成比例的增减。但就单位开发产品分摊的费用来说，则随着开发产品量的变动而成反比例的变动，即完成开发产品数量增加，单位开发产品分摊的费用随之减少；反之，完成开发产品数量减少，单位开发产品分摊的费用随之增加。因此，超额完成开发任务，就可降低开发成本中的开发间接费。

具体科目设置见表 4-11。

表 4-11　开发间接费科目设置

序　　号	总分类科目	二级科目	三级科目	四级科目
500106	开发成本	开发间接费	—	—
50010601	开发成本	开发间接费	管理人员工资	—
50010602	开发成本	开发间接费	职工福利费	—
50010603	开发成本	开发间接费	折旧费	—
50010604	开发成本	开发间接费	修理费	—
50010605	开发成本	开发间接费	办公费	—
50010606	开发成本	开发间接费	水电费	—
50010607	开发成本	开发间接费	营销设施建造费	—
50010608	开发成本	开发间接费	工程管理费	—
50010609	开发成本	开发间接费	劳动保护费	—
50010610	开发成本	开发间接费	周转房摊销	—

开发间接费用的总分类核算，在"开发间接费用"账户进行。企业所属各内部独立核算单位发生的各项开发间接费用，都要自"应付职工薪酬""累计折旧""递延资产""银行存款""周转房——周转房摊销"等账户的贷方转入"开发间接费用"账户的借方。

必须指出，如果开发企业不设置现场管理机构而由企业（即公司本部）

定期或不定期地派人到开发现场组织开发活动，其所发生的费用，除周转房摊销外，其他开发间接费可计入企业的管理费用。

开发间接费用的明细分类核算，一般要按所属内部独立核算单位设置"开发间接费用明细分类账"，将发生的开发间接费用按明细项目分栏登记。

4.6.2 开发间接费用的分配

开发间接费用属于直接开发房地产而发生的费用，但是由于开发产品类型较多，则所发生的费用不能确定应由哪项开发产品负担，无法将其直接计入各项开发产品成本，故应将其先计入开发间接费用归集，最终分配计入各项开发产品成本。开发间接费用通常可以根据管理要求进一步分为工程管理费、项目营销设施建造费、物业管理完善费等。

开发间接费用可按建筑面积法进行分配，如果认为其他分配方法更合理，也可以采用其他分配方法。

每月终了，应对开发间接费用进行分配，按实际发生数计入有关开发产品的成本。开发间接费用的分配方法，企业可根据开发经营的特点自行确定。不论土地开发、房屋开发、配套设施和代建工程，均应分配开发间接费用。为了简化核算手续并防止重复分配，对应计入房屋等开发成本的自用土地和不能有偿转让的配套设施的开发成本，均不分配开发间接费用。这部分开发产品应负担的开发间接费用，可直接分配计入有关房屋开发成本。也就是说，企业内部独立核算单位发生的开发间接费用，可仅对有关开发房屋、商品性土地、能有偿转让配套设施及代建工程进行分配。开发间接费用的分配标准，可按月份内各项开发产品实际发生的直接成本（包括土地征用及拆迁补偿费或批租地价、前期工程费、基础设施费、建筑安装工程费、配套设施费）进行，即：

某项开发产品分配的开发间接费用＝月份内该项开发产品实际发生的直接成本×本月实际发生的开发间接费用÷各开发产品实际发生的直接成本总额

【例4-21】庆大房地产开发企业某内部独立核算单位在2024年5月共发生了开发间接费用228万元，应分配开发间接费各开发产品实际发生的直接成本，见表4-12。

表 4-12　各项目直接成本　　　　　　　　　　　　　　　　单位：万元

开发产品	直接成本	开发产品	直接成本
20 号楼	540	别墅	820
21 号楼	620	洗浴中心	360
22 号楼	520	商场	450
23 号楼	490	合计	3 800

根据上列公式，即可为各开发产品计算 5 月份应分配的开发间接费用：

20 号楼应分配的开发间接费用＝540×（228÷3 800×100％）

＝32.40（万元）

21 号楼应分配的开发间接费用＝620×（228÷3 800×100％）

＝37.20（万元）

22 号楼应分配的开发间接费用＝520×（228÷3 800×100％）

＝31.20（万元）

23 号楼应分配的开发间接费用＝490×（228÷3 800×100％）

＝29.40（万元）

别墅应分配的开发间接费用＝820×（228÷3 800×100％）＝49.2（万元）

洗浴中心应分配的开发间接费用＝360×（228÷3 800×100％）

＝21.60（万元）

商场应分配的开发间接费用＝450×（228÷3 800×100％）＝27（万元）

根据计算，编制开发间接费用分配表，见表 4-13。

表 4-13　开发间接费用分配表

2024 年 5 月　　　　　　　　　　　　　　　　单位：万元

开发项目编号名称	直接成本	分配开发间接费
20 号楼	540	32.40
21 号楼	620	37.20
22 号楼	520	31.20
23 号楼	490	29.40
别墅	820	49.20
洗浴中心	360	21.60
商场	450	27
合计	3800	228

根据开发间接费用分配表，即可将各开发产品成本分配的开发间接费记入各开发产品成本核算对象的"开发间接费"成本项目，并将它记入"开发成本"各二级账户的借方和"开发间接费用"账户的贷方，作分录如下：

借：开发成本——房屋开发成本 1 794 000

开发成本——配套设施开发成本（216 000＋270 000）

486 000

贷：开发间接费用 2 280 000

【例 4-22】润耀房地产开发公司开发丽景园项目，一层为底商建筑面积 20 万平方米，一层以上为住宅建筑面积 400 万平方米。本月发生项目管理人员的工资 140 万元，固定资产的折旧费 12 万元，长期待摊费用 100 万元。

采用建筑面积分配方法如下：

底商应分摊费用＝（140＋12＋100）÷（20＋400）×20＝12（万元）

住宅应分摊费用＝（140＋12＋100）÷（20＋400）×400＝240（万元）

支付时：

借：开发间接费用——工资 1 400 000

——折旧费用 120 000

——办公费 1 000 000

贷：应付职工薪酬 1 400 000

累计折旧 120 000

长期待摊费用 1 000 000

分摊时：

借：开发成本——底商——开发间接费用 120 000

——住宅——开发间接费用 2 400 000

贷：开发间接费用——工资 1 400 000

——累计折旧 120 000

——办公费 1 000 000

第 5 章
房屋开发成本结转

房地产开发企业在房屋开发过程中发生的各项支出，应按房屋成本核算对象和成本项目进行归集。

5.1　房屋开发成本核算对象的确定

房屋开发建设发生的各项成本费用支出，能够分清负担对象的，可以直接计入有关房屋开发成本核算对象；有些房屋开发费用发生时由多个成本核算对象共同负担，需按一定标准分配计入有关房屋开发成本核算对象。因此，房地产开发企业应根据不同的支出内容，采用相应的办法将房屋开发成本归集到各成本核算对象的成本项目。

5.1.1　房屋开发成本项目会计科目的设置

房屋开发成本作为开发产品成本的重要组成部分，其各成本项目具有与开发产品成本项目相同的内容，具体会计科目设置参考，见表 5-1。

表 5-1　"开发产品"会计科目设置参考

序　号	总分类科目	二级科目	三级科目	四级科目
140501	开发产品	土地开发产品	—	—
140502	开发产品	商品房	—	—
140503	开发产品	代建房	—	—
140504	开发产品	周转房	—	—
140505	开发产品	分期收款开发产品	—	—
140506	开发产品	预售土地	—	—
140507	开发产品	预售商品房	—	—

　　房地产开发企业对已完成开发过程的商品房、周转房及投资性房地产，应在竣工验收以后将其开发成本结转"开发产品"账户。会计人员应根据房屋开发成本明细分类账记录的完工房屋实际成本，记入"开发产品——房屋"账户的借方和"开发成本——房屋开发"账户的贷方。

5.1.2　开发产品成本的归集

1. 正确划分成本项目

　　开发产品成本是指房地产开发企业在开发过程中所发生的各项费用支出。开发产品成本按其用途，可分为如下四类：

　　(1) 土地开发成本指房地产开发企业开发土地（即建设场地）所发生的各项费用支出。

　　(2) 房屋开发成本指房地产开发企业开发各种房屋（包括商品房、出租房、周转房、代建房等）所发生的各项费用支出。

　　(3) 配套设施开发成本指房地产开发企业开发能有偿转让的大配套设施及不能有偿转让、不能直接计入开发产品成本的公共配套设施所发生的各项费用支出。

　　(4) 代建工程开发成本指房地产开发企业接受委托单位的委托，代为开发除土地、房屋以外其他工程如市政工程等所发生的各项费用支出。

以上四类开发产品成本，在会计核算上将其费用分为如下六个成本项目：

（1）土地征用及拆迁补偿费或批租地价款。

（2）前期工程费。

（3）基础设施费。

（4）建筑安装工程费。

（5）配套设施费。

（6）开发间接费。

以上为构成房地产开发企业产品的开发成本，开发企业（公司本部）行政管理部门为组织和管理开发经营活动而发生的管理费用、财务费用，以及为销售、出租、转让开发产品而发生的销售费用，与开发工程量的关系并不十分密切，不计入开发成本。

如果将期间费用计入开发产品成本，在开发产品开发和销售、出租、转让不同步的情况下，就会增加开发产品的成本，特别是在开发房地产滞销时期，会造成企业潜在亏损，不能及时反映企业的经营状况。同时，将期间费用计入开发产品成本，不但要增加核算的工作量，也不利于正确考核企业开发单位的成本水平和成本管理责任。因此，现行会计制度中规定将期间费用计入当期损益，不再计入开发产品成本，也就是说，房地产开发企业开发产品只计算开发成本，不计算完全成本。

2. 不同成本项目结转方法

（1）房地产开发企业发生的土地征用及拆迁补偿费按能否区分负担对象等情况，有不同的归集方法，具体如下：

①能够分清负担对象的，应直接计入房屋开发成本核算对象的"土地征用及拆迁补偿费"成本项目，即借记"开发成本——房屋开发——土地征用及拆迁补偿费"账户，贷记"银行存款""应付账款"等账户。

②不能分清负担对象的，应先在"开发成本——土地开发"账户进行归集，待土地开发完成投入使用时，再按一定的分配方法将其计入有关房屋成本核算对象的"土地征用及拆迁补偿费"成本项目，即借记"开发成本——房屋开发"账户，贷记"开发成本——土地开发"账户。

③房地产开发企业开发完工的商品性建设场地，改变用途为房屋开发时，应将商品性建设场地的开发费用转入有关房屋成本核算对象的"土地征用及拆迁补偿费"成本项目，即借记"开发成本——房屋开发"账户，贷记"开

发产品——商品性土地"账户。

④房地产开发企业综合开发的土地，先通过"开发成本——土地开发"进行归集，待开发产品投入使用时，应按一定的标准分配房屋建筑物和商品性建设场地应负担的土地开发成本，即借记"开发成本——房屋开发""开发产品——商品性土地"账户，贷记"开发成本——土地开发"。

房地产开发企业将土地开发成本结转房屋开发成本时，应采用平行结转法，即土地开发成本项目中土地征用及拆迁补偿费应结转为房屋开发成本项目中的土地征用及拆迁补偿费。

（2）房屋开发建设过程中发生的前期工程费，能分清成本核算对象的，应直接计入有关房屋开发成本核算对象的"前期工程费"成本项目，即借记"开发成本——房屋开发——前期工程费"账户，贷记"银行存款""应付账款"等账户；应由两个或两个以上成本核算对象共同负担的前期工程费，应按一定的标准分配计入有关房屋成本核算对象的"前期工程费"成本项目。

（3）房地产开发企业开发建设房屋，其建筑安装工程施工一般采用出包的方式，建筑安装工程支出应依据"工程结算单"，企业承付的已完工程价款确定，直接计入有关房屋开发成本核算对象的"建筑安装工程费"成本项目，根据施工单位提供的建安发票（包含甲供材料），即借记"开发成本——房屋开发——建筑安装工程费"账户，贷记"银行存款""应付账款""合同资产"等账户。

（4）房屋开发建设过程中发生的基础设施费，能分清成本核算对象的，应直接计入有关房屋开发成本核算对象的"基础设施费"成本项目，借记"开发成本——房屋开发——基础设施费"账户，贷记"银行存款""应付账款"等账户；应由两个或两个以上成本核算对象共同负担的基础设施费，应按一定的标准分配计入有关房屋成本核算对象的"基础设施费"成本项目。

（5）房地产开发企业在开发建设房屋过程中发生的各项间接费用，应先通过"开发间接费用"账户进行核算。期末，再按一定标准分配计入各有关开发产品成本，应由房屋开发成本负担的开发间接费用，应计入有关房屋开发成本核算对象的"开发间接费"成本项目，即借记"开发成本——房屋开发——开发间接费"账户，贷记"开发间接费用"账户。

5.2　间接成本的分配方法

企业开发、建造的开发产品应按制造成本法进行计量与核算。

5.2.1　一般间接成本分配方法

应计入开发产品成本中的费用属于直接成本和能够分清成本对象的间接成本，直接计入成本对象，共同成本和不能分清负担对象的间接成本，应按受益的原则和配比的原则分配至各成本对象，具体分配方法可按以下规定选择其一：

1. 占地面积法

首先按照各期各楼号有产权的占地面积进行分摊；其次按照地上与地下（地下车库除外）各自的有产权可售面积在地上与地下之间进行分摊；最后按各业态有产权的可售面积在各业态间进行分摊。

占地面积可通过以下途径选择。

（1）政府规划审计部门在项目规划中测定的占地面积。

（2）根据项目规划自行测定的占地面积。

【例 5-1】远大房地产开发有限公司中标宝丽区一宗土地 XEW009 号，占地面积为 50 000 平方米，土地购置成本为 120 亿元。其中，住宅楼基座占地面积为 30 000 平方米，写字楼基座占地面积为 6 000 平方米，物业管理用房占地 1 000 平方米，地上车位占地面积为 3 000 平方米。小区围墙、供水设备、供气设施、配套设施、绿地、道路等占地面积为 10 000 平方米。计算各类开发产品需要分配的土地成本金额。

小区围墙、供水设备、供气设施、配套设施、绿地、道路等占地面积成本已经由各个成本对象分别按比例负担，不再单独分配土地成本。

住宅应分配的土地成本＝30 000÷40 000×120＝90（亿元）

写字楼应分配的土地成本＝6 000÷40 000×120＝18（亿元）

物业管理用房应分配的土地成本＝1 000÷40 000×120＝3（亿元）

地上车位应分配的土地成本＝3 000÷40 000×120＝9（亿元）

2. 建筑面积法

建筑面积法是指按已动工开发成本对象建筑面积占开发用地总建筑面积的比例进行分配。

总建筑面积＝开发产品可售面积＋开发产品不可售面积

（1）一次性开发的，按某一成本对象建筑面积占全部成本对象建筑面积的比例进行分配。

（2）分期开发的，首先按照期内成本对象建筑面积占开发用地计划建筑面积比例进行分配，然后再按某一成本对象建筑面积占期内成本对象总建筑面积的比例进行分配。

【例 5-2】潇湘房地产开发公司有一块土地，分两期开发。现支付工程招标代理服务费 30 万元。第一期开发的建筑面积为 14 万平方米，第二期开发的建筑面积为 16 万平方米。

按照建筑面积对土地使用权出让金进行费用分摊。

一期应分摊的工程招标费＝30÷（14＋16）×14＝14（万元）

二期应分摊的工程招标费＝30÷（14＋16）×16＝16（万元）

3. 直接成本法

直接成本法指按期内某一成本对象的直接开发成本占期内全部成本对象直接开发成本的比例进行分配。

4. 预算造价法

按期内某一成本对象预算造价占期内全部成本对象预算造价的比例进行分配。

另外，属于多个房地产项目共同的成本费用，应按清算项目可售建筑面积占多个项目可售总建筑面积的比例或其他合理的方法，计算确定清算项目的扣除金额。

【例 5-3】南亚房地产有限公司在一块 25 000 平方米的土地上进行房地产开发，取得土地使用权支付的出让金为 90 000 万元。公司在这块土地上建造了两幢楼，一幢为写字楼，占地面积（包括周围的道路和绿化）4 000 平方米，建筑面积为 15 000 平方米；一幢为公寓，占地面积 9 000 平方米，建筑面积 16 000 平方米。公寓的经营配套设施中游泳池占地面积 400 平方米、建筑面积 500 平方米。公寓已出售 75%，写字楼尚未转让。

（1）计算公寓应分摊的土地使用权出让金。

公寓应分摊的土地使用权出让金＝9 000×90 000÷25 000＝32 400（万元）

（2）按照可售与不可售面积确认公寓应分摊的土地使用权出让金为：

公寓不可售面积分摊的土地使用权出让金＝400×90 000÷25 000＝1 440（万元）

公寓可售面积分摊的土地使用权出让金＝32 400－1 440＝30 960（万元）

（3）计算本期公寓销售部分应分摊的土地使用权出让金。

本期公寓销售部分应分摊的土地使用权出让金＝30 960×75%＝23 220（万元）

5.2.2　几项特殊成本费用的分配方法

企业下列成本应按以下方法进行分配：

（1）土地成本，一般按占地面积法进行分配。如果确需结合其他方法进行分配的，应经税务机关同意。

土地开发同时联结房地产开发的，属于一次性取得土地分期开发房地产的情况，其土地开发成本经税务机关同意后可先按土地整体预算成本进行分配，待土地整体开发完毕再行调整。

（2）单独作为过渡性成本对象核算的公共配套设施开发成本，应按建筑面积法进行分配。

（3）借款费用属于不同成本对象共同负担的，按直接成本法或按预算造价法进行分配。

（4）其他成本项目的分配法由企业自行确定。

除以下几项预提（应付）费用外，计税成本均应为实际发生的成本。

（1）出包工程未最终办理结算而未取得全额发票的，在证明资料充分的前提下，其发票不足金额可以预提，但最高不得超过合同总金额的 10%。

（2）公共配套设施尚未建造或尚未完工的，可按预算造价合理预提建造费用。此类公共配套设施必须符合已在售房合同、协议或广告、模型中明确承诺建造且不可撤销，或按照法律法规规定必须配套建造的条件。

（3）应向政府上交但尚未上交的报批报建费用、物业完善费用可以按规定预提。物业完善费用是指按规定应由企业承担的物业管理基金、公建维修基金或其他专项基金。

企业单独建造的停车场所，应作为成本对象单独核算。利用地下基础设施形成的停车场所，作为公共配套设施进行处理。

【例5-4】博亚房地产有限公司开发甲商品房、乙商品房，2023年度共发生下列支出：

（1）1月，用银行存款支付征地拆迁费9 000万元，其中甲商品房应负担5 000万元，乙商品房应负担4 000万元；

（2）4月，用银行存款支付承包设计单位设计费120万元，其中甲商品房的设计费70万元，乙商品房的设计费50万元；

（3）6月，用银行存款支付承包施工企业基础设施工程款为240万元，其中甲商品房应负担的工程款为100万元，乙商品房应负担的工程款为140万元；

（4）8月，根据工程结算单，应付甲承包施工企业建筑安装工程款3 500万元，其中，甲商品房应负担的工程款为1 800万元，乙商品房应负担的工程款为1 700万元；

（5）根据小区内建设一座公共配套设施——水塔，工程款为150万元，其中应由甲商品房负担的公共配套设施费为100万元，乙商品房负担的公共配套设施费为50万元；

（6）9月，共发生开发间接费用70万元，其中应由甲商品房负担40万元，应由乙商品房负担30万元；

（7）假设小区内还有一公共配套设施未完工，经主管部门同意用其预算成本30万元。

根据上述资料，处理以下业务。

①根据有关部门规划（拆迁）批准文件，凭借双方签订的拆迁补偿合同和收款收据及银行付款凭据，博亚房地产有限公司账务处理如下：

借：开发成本——房屋开发——土地征用及拆迁补偿费（甲商品房）

50 000 000

　　　　　　　　——土地征用及拆迁补偿费（乙商品房）

　　　　　　　　　　　　　　　40 000 000

　　贷：银行存款　　　　　　　90 000 000

　　②根据上述资料（2），依据结算单和设计发票及银行付款凭据，博亚房地产有限公司账务处理如下：

　　借：开发成本——房屋开发——前期工程费（甲商品房）

　　　　　　　　　　　　　　　700 000

　　　　　　——前期工程费（乙商品房）

　　　　　　　　　　　　　　　500 000

　　贷：银行存款　　　　　　　1 200 000

　　③根据上述资料（3），依据结算单和建筑发票及银行付款凭据，博亚房地产有限公司财务处理如下：

　　借：开发成本——房屋开发——基础设施费（甲商品房）

　　　　　　　　　　　　　　　1 000 000

　　　　　　——基础设施费（乙商品房）

　　　　　　　　　　　　　　　1 400 000

　　贷：银行存款　　　　　　　2 400 000

　　④根据上述资料（4），依据结算单和建筑发票，博亚房地产有限公司账务处理如下：

　　借：开发成本——房屋开发——建筑安装工程费（甲商品房）

　　　　　　　　　　　　　　　18 000 000

　　　　　　——建筑安装工程费（乙商品房）

　　　　　　　　　　　　　　　17 000 000

　　贷：应付账款——应付工程款（甲承包施工单位）

　　　　　　　　　　　　　　　35 000 000

　　⑤根据上述资料（5），依据公共配套（水塔）计算分配表，博亚房地产有限公司应做以下财务处理：

　　借：开发成本——房屋开发——公共配套设施费（水塔）（甲商品房）

　　　　　　　　　　　　　　　1 000 000

$$\text{——公共配套设施费（水塔）（乙商品房）}$$

$$500\ 000$$

贷：开发成本——配套设施开发——水塔　　　　1500 000

⑥根据上述资料（6），依据开发间接费用分配表，博亚房地产有限公司应做以下账务处理：

借：开发成本——房屋开发——开发间接费（甲商品房）

$$400\ 000$$

$$\text{——开发间接费（乙商品房）}$$

$$300\ 000$$

贷：开发间接费用　　　　　　　　　　　　700 000

同时，应将各项房屋开发支出分别计入各项房屋开发成本明细分类账。

⑦依据开发产品结转明细表，应将完工验收的商品房的开发成本结转"开发产品"账户的借方。博亚房地产有限公司账务处理如下：

甲商品房总成本＝5 000＋70＋100＋1 800＋100＋40＝7 110（万元）

借：开发产品——甲商品房　　　　　　　　71 100 000

贷：开发成本——房屋开发（甲商品房）　　　　71 100 000

乙商品房总成本＝4 000＋50＋140＋1 700＋50＋30＝5 970（万元）

借：开发产品——乙商品房　　　　　　　　59 700 000

贷：开发成本——房屋开发（乙商品房）　　　　59 700 000

⑧甲商品房完工后直接用于出租，假定按成本模式核算，结转其实际成本。

借：投资性房地产——甲商品房　　　　　　71 100 000

贷：开发产品——房屋开发（甲商品房）　　　　71 100 000

【例5-5】宏大房地产开发有限公司（以下简称"宏大地产公司"）在福州市罗源县开发写字楼和住宅，总占地面积80 000平方米，容积率为2.6，总建设面积为50 000平方米，其中写字楼20 000平方米，住宅30 000平方米。其中，写字楼的可售建筑面积为8 000平方米，住宅的可售建筑面积为12 000平方米。

2023年度，共发生了下列有关开发支出：

（1）1月，用银行存款支付土地征用及拆迁补偿费5 000万元，契税

150 万元。测算出写字楼占地 20 000 平方米，住宅占地 30 000 平方米。

在商品房竣工验收前，未达到结转收入成本的条件时，土地成本存在于资产负债表的存货中。应该按照占地面积法分配写字楼和住宅的土地成本。

写字楼应分配的土地征用及拆迁补偿费＝5 150×（20 000÷50 000）＝2 060（万元）

住宅应分配的土地征用及拆迁补偿费＝5 150×（30 000÷50 000）＝3 090（万元）

根据有关部门规划（拆迁）批准文件，凭借双方签订的拆迁补偿合同和收款收据及银行付款凭据，账务处理如下：

借：开发成本——土地征用及拆迁补偿费——写字楼

20 600 000

——土地征用及拆迁补偿费——住宅

30 900 000

贷：银行存款 51 500 000

（2）2 月，用银行存款支付设计费 200 万元。

设计费一般是按照建筑面积法为单位收费的，其中：

写字楼分摊的设计费＝200×（20 000÷50 000）＝80（万元）

住宅分摊的设计费＝200×（30 000÷50 000）＝120（万元）

依据结算单、设计发票和银行付款凭据，账务处理如下：

借：开发成本——前期工程费（写字楼） 800 000

——前期工程费（住宅） 1 200 000

贷：银行存款 2 000 000

（3）3 月，用银行存款支付承包施工企业基础设施费为 250 万元。

基础设施费一般是按照建筑面积法进行分配成本的，其中：

写字楼应负担的基础设施费＝250×（20 000÷50 000）＝100（万元）

住宅应负担的基础设施费＝250×（30 000÷50 000）＝150（万元）

依据结算单、建筑发票和银行付款凭据，财务处理如下。

借：开发成本——基础设施费（写字楼） 1 000 000

——基础设施费（住宅） 1 500 000

贷：银行存款　　　　　　　　　　　　　　　2 500 000

（4）10月，根据工程结算单，应付光明承包施工企业建筑安装工程款4 000万元，根据甲乙双方签订的施工合同，设计要求施工，经双方最终决算确认或经造价师事务所二审定案，写字楼应负担的工程款为1 800万元，住宅应负担的工程款为2 200万元。

依据结算单和建筑发票，宏大地产公司应做以下账务处理：

借：开发成本——建筑安装工程费（写字楼）　　18 000 000

　　　　　　——建筑安装工程费（住宅）　　22 000 000

　　贷：应付账款——应付工程款（甲施工单位）　40 000 000

（5）根据小区内建设变电所，成本120万元。

公共配套费一般按照建筑面积法分配，其中：

应由写字楼负担的变电所配套设施费＝120×（20 000÷50 000）

　　　　　　　　　　　　　　　　　＝48（万元）

住宅负担的变电所配套设施费＝120×（30 000÷50 000）＝72（万元）

宏大地产公司账务处理如下：

借：开发成本——公共配套设施费（写字楼）　　480 000

　　　　　　——公共配套设施费（住宅）　　720 000

　　贷：开发成本——配套设施开发——变电所　　1 200 000

（6）12月，共发生开发间接费用70万元。

开发间接费一般按照建筑面积法分配成本，其中：

应由写字楼负担开发间接费用＝70×（20 000÷50 000）＝28（万元）

应由住宅负担开发间接费用＝70×（30 000÷50 000）＝42（万元）

依据开发间接费用分配表，账务处理如下：

借：开发成本——开发间接费（写字楼）　　280 000

　　　　　　——开发间接费（住宅）　　420 000

　　贷：开发间接费用　　　　　　　　　　700 000

（7）12月，发生贷款利息1000万元，全部用到本项目建设中，应该资本化处理。

对于利息支出，根据预算造价法进行成本对象的再分配是比较合理的。

其中：

写字楼的预算造价＝2 060＋80＋100＋1 800＋48＋28＝4 116（万元）

住宅的预算造价＝3 090＋120＋150＋2 200＋72＋42＝5 674（万元）

写字楼应分配的利息支出＝1 000×［4 116÷（4 116＋5 674）］＝1 000×（4 116÷9 790）＝420（万元）

住宅应分配的利息支出＝1 000－420＝580（万元）

根据利息单据，账务处理如下。

借：开发成本——利息支出（写字楼） 4 200 000

　　　　——利息支出（住宅） 5 800 000

　　贷：银行存款 10 000 000

平时的利息支付直接进入开发成本——利息支出，不用每笔结转到写字楼和住宅，到结转成本时再按照预算造价法分配到写字楼和住宅的成本中去。

依据开发产品结转明细表，应将完工验收的商品房的开发成本结转"开发产品"账户的借方。

(8) 竣工后结转成本，账务处理如下。

借：开发产品——写字楼 45 360 000

　　贷：开发成本——土地征用及拆迁补偿费（写字楼）

20 600 000

　　　　——前期工程费（写字楼） 800 000

　　　　——基础设施费（写字楼） 1 000 000

　　　　——建筑安装工程费（写字楼） 18 000 000

　　　　——公共配套设施费（写字楼） 480 000

　　　　——开发间接费（写字楼） 280 000

　　　　——利息支出（写字楼） 4 200 000

借：开发产品——住宅 62 540 000

　　贷：开发成本——土地征用及拆迁补偿费（住宅）

30 900 000

——前期工程费（住宅）		1 200 000
——基础设施费（住宅）		1 500 000
——建筑安装工程费（住宅）		22 000 000
——公共配套设施费（住宅）		720 000
——开发间接费（住宅）		420 000
——利息支出（住宅）		5 800 000

写字楼单位成本＝45 360 000÷8 000＝5 670（元/平方米）

住宅单位成本＝62 540 000÷12 000＝5 211.67（元/平方米）

5.3 公共配套设施开发成本的核算

房地产开发企业开发的配套设施，可以分为以下两类：一类是不能有偿转让的公共配套设施，如水塔、锅炉房、居委会、派出所、消防、幼儿园、自行车棚等；另一类是能有偿转让的城市规划中规定的大型配套设施项目，如商店、银行、邮局等。

5.3.1 公共配套设施开发成本核算对象的确定

一般来说，对能有偿转让的大型公共配套设施项目，应以各公共配套设施项目作为成本核算对象，借以正确计算各设施的开发成本。

对不能有偿转让、不能直接计入各成本核算对象的各项公共配套设施，如果工程规模较大，可将各项公共配套设施作为成本核算对象。如果工程规模不大，与其他项目建设地点较近，开工、竣工时间相差不多，并由同一施工单位施工的，也可考虑将它们合并作为一个成本核算对象，于工程完工后，按照各项目的预算成本或计划成本的比例，计算公共配套设施的开发成本，再按一定标准，将各公共配套设施开发成本分配计入有关房屋等开发成本。

企业发生的各项公共配套设施支出，应在"开发成本——公共配套设施开发成本"账户进行核算，并按成本核算对象和成本项目进行明细分类核算。对发生的土地征用及拆迁补偿费或批租地价、前期工程费、基础设施费、建筑安装工程费等支出，可直接记入各公共配套设施开发成本明细分类账的相应成本项目，并记入"开发成本——公共配套设施开发成本"账户的借方和"银行存款""应付账款——应付工程款"等账户的贷方。

5.3.2 预提公共配套设施费的核算

对公共配套设施与房屋等开发产品不同步开发，或房屋等开发完成等待出售或出租，而公共配套设施尚未全部完成的，经批准后可按配套设施的预算成本或计划成本，预提公共配套设施费。开发产品预提的配套设施费的计算，一般可按以下公式计算：

某项开发产品预提的公共配套设施费＝该项开发产品预算成本（或计划成本）×公共配套设施费预提率

公共配套设施费预提率＝该公共配套设施的预算成本（或计划成本）÷应负担该公共配套设施费各开发产品的预算成本（或计划成本）合计数×100%

上式中，应负担公共配套设施费的开发产品一般应包括开发房屋、能有偿转让的大配套设施。

【例5-6】辉华房地产开发有限公司在蔷薇园内承建社区门诊设施开发成本应由101、102、103、104号商品房和大型公共配套设施商店负担。由于门诊设施在商品房等完工出售、出租时尚未完工，为了及时结转完工的商品房等成本，应先将门诊设施费预提计入商品房等的开发成本。假定各项开发产品和门诊设施的预算成本，见表5-2。

表5-2　配套设施成本分配表　　　　　　　　单位：万元

项　　目	分配金额
101号商品房	3 000
102号商品房	4 000
103号商品房	5 000
104号商品房	4 000
门诊设施	800
合　　计	16 800

社区门诊设施费预提率＝800÷（3 000＋4 000＋5 000＋4 000）×

$100\% = 5\%$

各项开发产品预提社区门诊配套设施费为

101 商品房预提费用 $= 3\ 000 \times 5\% = 150$（万元）

102 商品房预提费用 $= 4\ 000 \times 5\% = 200$（万元）

103 商品房预提费用 $= 5\ 000 \times 5\% = 250$（万元）

104 商品房预提费用 $= 4\ 000 \times 5\% = 200$（万元）

预提门诊设施费会计分录如下：

借：开发成本——101 号商品房——公共配套设施费

　　　　　　　　　　　　　　　　　1 500 000

　　　——102 号商品房——公共配套设施费

　　　　　　　　　　　　　　　　　2 000 000

　　　——103 号商品房——公共配套设施费

　　　　　　　　　　　　　　　　　2 500 000

　　　——104 号商品房——公共配套设施费

　　　　　　　　　　　　　　　　　2 000 000

　贷：应付账款——预提费用（门诊设施开发成本）8 000 000

按预提率计算各项开发产品的公共配套设施费时，其与实际支出数的差额，应在配套设施完工时，按预提数的比例，调整增加或减少有关开发产品的成本。

5.3.3　营利性公共配套设施的核算

营利性公共配套设施是指能有偿转让的城市规划中规定的大配套设施项目，以及属于营利性的，或产权归开发商所有的，或无偿赠予地方政府、公用事业单位以外其他单位的公共配套设施，如商店、银行、邮局等。除企业自用应按建造固定资产进行处理外，其他一律按建造开发产品进行处理记入"开发成本——营利性——公共配套设施"。开发产品能够对外经营销售的，应作为独立的计税成本对象进行成本核算；不能对外经营销售的，可先作为过渡性成本对象进行归集，然后再将其相关成本摊入能够对外经营销售的成本对象。

【例5-7】方圆房地产开发企业根据福鑫家园建设规划要求，负责建设一座超市、一所幼儿园和一座体育中心。上述设施均发包给施工企业，其中超市建成后，有偿转让给商业部门。幼儿园和体育中心的开发支出按规定计入有关开发产品的成本。幼儿园与商品房等同步开发，体育中心与商品房等不同步开发。上述各配套设施共发生了下列有关支出，见表5-3。

表5-3 各项费用支出 单位：元

项 目	超市	幼儿园	体育中心	合计
支付征地拆迁费	200 000	400 000	600 000	1 200 000
应付承包设计单位前期工程款	350 000	700 000	250 000	1300 000
应付承包施工企业基础设施工程款	340 000	620 000	440 000	1 400 000
应付承包施工企业建筑安装工程款	280 000	220 000	300 000	800 000
分配开发间接费	90 000	—	—	90 000
合计	1 260 000	1 940 000	1 590 000	4 790 000

由于超市是营利性公共配套设施，因此，应对超市进行单独成本核算。

借：开发成本——超市——征地拆迁费 200 000

　　　　——超市——前期工程费 350 000

　　　　——超市——基础设施工程费 340 000

　　　　——超市——建筑安装工程费 280 000

　　　　——超市——开发间接费用 90 000

　　贷：应付账款 12 600 000

接【例5-7】，幼儿园为非营利性公共配套设施，建成后无偿移交民政部门，则在项目竣工后，将幼儿园发生的开发成本1 940 000元，在超市和体育中心之间进行分摊，采用建筑面积法分摊。假设超市建筑面积500平方米，体育中心1 500平方米。

超市应分摊幼儿园开发成本金额＝1 940 000×500÷（500＋1 500）＝485 000（元）

体育中心应分摊幼儿园开发成本金额＝1 940 000×1 500÷（500＋1 500）＝

1 455 000（元）

会计分录如下。

借：开发成本——超市——公共配套设施费 485 000

——体育中心——公共配套设施费 1 455 000

贷：开发成本——幼儿园——征地拆迁费 400 000

——幼儿园——前期工程费 700 000

——幼儿园——基础设施工程费 620 000

——幼儿园——建筑安装工程费 220 000

5.3.4 非营利性公共配套设施的核算

非营利性公共配套设施是指房屋开发过程中，根据有关规定，其产权及收益权不属于开发商，开发商不能有偿转让，也不能转作自留固定资产的公共配套设施，如水泵房、变电所、居委会、派出所、岗亭、儿童乐园、自行车棚、凉亭等。为了正确核算和反映企业开发建设中各种非营利性配套设施所发生的支出，可分为：

1. 作为成本对象的公共配套设施的会计核算

通过开发成本→具体成本对象→公共配套设施科目归集，期末按一定分配标准分配给各受益对象，计入开发成本或在建工程等。

2. 不作为成本对象的公共配套设施的会计核算

对于只为一个单体开发项目服务的，造价较低的配套设施，发生的开发费用直接计入单体开发项目的成本。

借：开发成本——具体成本对象

贷：银行存款等

5.3.5 公共配套设施涉税处理

1. 公共配套设施项目有偿转让应计销售额

纳税人开发建造的与清算项目配套的居委会和派出所用房、停车场（库）、物业管理场所、变电站、热力站、水厂、文体场馆、学校、幼儿园、托儿所、医院、邮电通信等公共设施，建成后有偿转让的，应计算收入，并准予扣除成本、费用。

2. 房地产开发企业土地价款扣除范围

房地产开发企业中的一般纳税人，销售其开发的房地产项目（选择适用简易计税方式的除外），单独作价销售的配套设施，例如幼儿园、热力站等项目，其销售额可以扣除该配套设施所对应的土地价款。

【例5-8】景瑞房地产开发有限公司取得的编号为XI3455号地块，支付土地使用权出让金8 720万元。经开发，将公共配套设施娱乐会所对外出售，建筑面积2 000平方米，该地块总体可供出售建筑面积为100 000平方米，该会所售价合计为872万元。

计算增值税如下：

（1）计算当期允许扣除的土地价款

（2 000÷100 000）×8 720＝174.40（万元）

（2）计算当期销售额

（872—174.40）÷（1＋9%）＝640（万元）

销项税额＝640×9%＝57.60（万元）

需要注意的是，房地产开发企业将建设的医院、幼儿园、学校、供水设施、变电站、市政道路等配套设施无偿赠送（移交）给政府的，如果上述设施在可售面积之外，作为无偿赠送的服务用于公益事业，不视同销售；如果上述配套设施在可售面积之内，则应视同销售，征收增值税。

5.4 项目营销设施的核算

售楼部、样板间、接待中心、展台、展位等可以作为开发产品、临时设施等核算。

1. 作为开发产品核算

利用开发完成或部分完成的楼宇内的商品房装修装饰后使用的营销设施楼宇之内的商品房临时作为售楼部、样板间使用，因其本身即属于特定的成本对象，所以其建造成本按照正常的开发产品核算，其装修装饰费用若不能判断未来是否可以随同商品房主体一并出售，则归属于开发间接费用核算。

当样板间与其他商品房一起竣工验收时，从"开发成本"转入"开发产品"科目。当样板间转作自用时，其成本从"开发产品"转入"固定资产"。

当样板间销售结转收入和成本时其成本从"开发产品"转入"主营业务成本"。

当样板间未来出租时，其成本从"开发产品"转入"投资性房地产"。

【例 5-9】天通世衡房地产开发公司在开发的 A 小区某栋楼宇间开设样板间，建造成本 43.60 万元，装饰装修后对外开放，样板间装饰装修支出 9 万元。

解析：建造成本 43.60 万元计入该套样板间"开发成本"，装饰装修费用 9 万元能够判断未来随同该套商品房一并出售，可以记入该套样板间"开发成本"，否则记入"开发间接费用"核算。

2. 作为临时设施使用

（1）利用开发小区内楼宇之外的明显位置建造临时设施作为营销设施使用。

作为售楼部、样板间使用的临时设施，按照相关规定，其发生的建设成本及装修费用在"在建工程"科目核算。完工后，其成本从"在建工程"转入"开发间接费用"，如果非自用或出租，也可以直接计入"开发间接费用"核算。

（2）利用开发小区内的配套设施装修装饰后作为营销设施临时使用。

房地产企业除利用开发的商品房、临时建筑作为营销设施之外，比较多见的还有利用开发小区之内的规划建造的会所、物业场所在销售阶段作为项目的营销设施使用，这种类型的营销设施其最终用途是小区规划设计已经确定的，即便临时作为项目营销设施使用，也不可以直接计入开发间接费用核算。

①属于非营利性且产权属于全体业主的，或无偿赠予地方政府、公用事业单位的，可将其视为公共配套设施，其建造费用按公共配套设施费的有关规定进行处理。

②属于营利性的，或产权归企业所有的，或未明确产权归属的，或无偿赠予地方政府、公用事业单位以外其他单位的，应当单独核算其成本。除企业自用应按建造固定资产进行处理外，其他一律按建造开发产品进行处理。

售楼部利用会所作为营销设施，会计和税务处理就要根据以上的规定区分该会所的建造性质分别适用不同的方式：

153

①如果该会所属于不能有偿转让的公共配套设施，例如产权归全体业主所有，则该会所的建造费用计入公共配套设施费进行会计处理。

②如果该会所属于未来出售转让的公共配套设施，则将该会所视为独立开发产品和成本计算单位，按照开发成本的具体成本项目设置会计科目进行明细分类核算。销售时按销售不动产征收相应的城市维护建设税、教育费附加、企业所得税、土地增值税、印花税等。

③如果该会所建造企业自用，则成本通过"在建工程"归集，完工后转入"固定资产"或"投资性房地产"科目。

（3）开发小区之外的人口活动密集区设置的销售网点等营销设施的会计处理。

开发小区之外的人口活跃密集区设置项目展示区、接待处、售楼部等。这些设施有可能是房地产企业租入使用，也有可能为自建行为。对于销售环节在项目小区之外的营销设施方面发生的成本费用，无论税务处理还是会计处理，都应当通过销售费用反映。如果属于企业自建构成的固定资产，由此计提的折旧计入销售费用处理。

第6章
销售收入的核算

实务中，房地产开发企业具体是按履约时点确认还是按履约进度确认，需要结合销售合同的条款、销售流程、与房地产销售相关法律法规等进行综合判断。

6.1 商品房销售的规定

根据现行的法律法规等有关规定，目前商品房销售分为商品房现售和商品房预售。

商品房现售，是指房地产开发企业将竣工验收合格的商品房出售给购房人，并由购房人支付房价款的行为。

商品房预售，是指房地产开发企业将尚未竣工验收、正在建设中的商品房预先出售给买受人，并由买受人支付定金或房价款的行为。

6.1.1 开发房屋用途分类

房地产开发企业开发建设的房屋用途可以分为五类：

（1）第一类是为销售而开发的商品房，开发完成以后将作为商品对外销售；

（2）第二类是为出租经营而开发建设的投资性房地产，出租时按照确定的成本结转投资性房地产；

（3）第三类是安置拆迁居民而开发建设的周转房，开发完成以后用于安置拆迁居民周转使用；

（4）第四类是企业接受其他单位委托代为开发建设的代建房；

（5）第五类自行建造的自用房屋。

发生的工程成本应通过"在建工程"账户核算，工程完工达到预定可使用状态时，从"在建工程"账户转入"固定资产"账户，自建自用的房屋不做介绍。本章着重介绍房地产企业为销售而开发的商品房。

6.1.2 开发房屋完工条件

房地产开发企业经营业务包括土地的开发，建造、销售住宅、商业用房及其他建筑物、附着物、配套设施等开发产品。除土地开发之外，其他开发产品符合下列条件之一的，应视为已经完工：

（1）开发产品竣工证明材料已报房地产管理部门备案。

（2）开发产品已开始投入使用。

（3）开发产品已取得了初始产权证明。

6.1.3 预售取得房款的核算

商品房达到当地政府规定的预售条件，取得商品房预售许可证后进行预售。房屋认购与预收款包括诚意金和房款。

（1）取得预售证前后收到客户认购款、诚意金、订金等。

根据收据、银行进账单、收款通知等原始单据，账务处理如下。

借：银行存款

贷：其他应付款——诚意金（认购金、定金）

【例6-1】宏大房地产有限公司为一般纳税人。2024年2月14日，宏大房地产有限公司预售花溪小区第 23、14 号楼，取得订金 52 万元。根据收据、银行进账单等，会计处理如下。

借：银行存款   520 000

    贷：其他应付款——订金   520 000

（2）取得预售证且与业主签订购销合同之后，收到业主首付款及银行按揭款时确认预收款项。

预收商品房款指纳税义务发生时间即交房之前收取的款项，包括交房月之前月份收到的首付款和按揭款等，需要进行预缴增值税处理；交房当月收到的按揭款不属于预收款，不需要预缴增值税。

收到款项时，根据发票、银行进账单、业主退回定金收据等，账务处理如下。

借：银行存款

    其他应付款——诚意金（认购金、定金）

    贷：合同负债——首付款——按揭回款

        应交税费——预交增值税

【例 6-2】2024 年 3 月 14 日，宏大房地产有限公司预售花溪小区第 23、14 号楼，与业主签署合同后取得首付款 1 295.74 万元。2024 年 4 月 10 日，本月需要预交上月预收款增值税 37.74 万元。根据发票、银行进账单等，会计处理如下。

借：银行存款   12 957 400

    贷：合同负债——首付款——按揭回款   12 957 400

缴费基数＝12 957 400÷(1＋9%)＝11 887 522.94(元)

编制预缴税款计算表，见表 6-1。

表 6-1　预缴税款计算表   单位：元

税　　种	缴费基数	计算公式	应纳税额
增值税	11 887 522.94	11 887 522.94×3%	356 625.69
城市维护建设税	356 625.69	356 625.69×7%	24 963.80
应交教育费附加	356 625.69	356 625.69×3%	10 698.77
应交地方教育附加	356 625.69	356 625.69×2%	7 132.51
合　　计	—	—	399 420.77

借：税金及附加　　　　　　　　　　　　　42 795.08
　　贷：应交税费——应交城市维护建设税　　24 963.80
　　　　　　　　——应交教育费附加　　　　10 698.77
　　　　　　　　——应交地方教育附加　　　 7 132.51

次月申报时，对于预缴税金等原因导致报表日应交税费存在借方余额的，应重分类至其他流动资产在财务报表上列示。

借：应交税费——应交城市维护建设税　　　24 963.80
　　　　　　——应交教育费附加　　　　　10 698.77
　　　　　　——应交地方教育附加　　　　 7 132.51
　　　　　　——预交增值税　　　　　　　356 625.69
　　贷：银行存款　　　　　　　　　　　 399 420.77

6.2　商品房销售收入与成本确认

房地产开发企业取得"竣工综合验收合格证"、"住宅质量保证书"、"住宅使用说明书"及"测绘报告"，且楼盘达到入住条件后，可向业主发放入住通知书，并办理入住手续及产权尾款事项。对于购房合同约定需要二次验收的情形，如果第二次验收是否合格与第一次验收结果没有影响，则每一次验收合同后分别确认收入；如果第二次验收会影响第一次验收的结果，则应在第二次验收合格后一次性确认收入。

6.2.1　依据测绘面积计算收入

对于购房合同约定买毛坯送装修在会计与税务处理上可分为以下几种情形。①账务处理。企业应分别确认毛坯房收入和装修费收入，将总的销售金额按毛坯房和装修费的公允价值的比例确认毛坯房和装修费的销售收入。②增值税处理。根据规定，随房款收取的装修款项，按照销售不动产申报增值税。③企业所得税处理。将装修视为销售开发产品的组成部分，将毛坯房销售与装修款项一并作为计税依据在未完工年度预缴企业所得税。房屋完工之后确认收入，结转计税成本。

依据测绘面积计算应交房款总额，对比已缴金额后确认产权尾款，并进行多退少补，见表6-2。

表 6-2　依据测绘面积计算收入账务处理

核算时点	核算依据	测绘面积、发票等
业主验收时	补交房款	借：应收账款/银行存款等 　　贷：合同负债——售楼款——房产尾款
	退回多交房款	借：合同负债——售楼款——房产尾款 　　贷：其他应付款/银行存款等
办理入住（业主收房）时，依据测绘面积计算房款、尾款收款（支付）单、出售房产发票等确认收入，同时结转成本	入住签认单（验房单）、发票、入住通知单、增值税发票、商品房购销合同或预售办理入住（业主收房）时商品房合同	借：合同负债——首付款 　　　　　　——按揭回款 　　　　　　——房产尾款 　　应收账款——售楼款 　　贷：主营业务收入
	成本计算表（依据已确认收入所对应的已售面积计算主营业务成本）	借：主营业务成本 　　贷：开发产品

1. 商品房合同面积与确权面积计算

商品房销售时，房地产开发企业和买受人应当订立书面商品房买卖合同。商品房买卖合同中应当明确面积差异的处理方式。

（1）按套（单元）计价。按套内建筑面积或者建筑面积计价的，当事人应当在合同中载明合同约定面积与产权登记面积发生误差的处理方式。

合同未作约定的，按以下原则处理：①面积误差比绝对值在 3% 以内（含 3%）的，据实结算房价款。②面积误差比绝对值超出 3% 时，买受人有权退房。买受人退房的，房地产开发企业应当在买受人提出退房之日起 30 日内将买受人已付房价款退还给买受人，同时支付已付房价款利息。买受人不退房的，产权登记面积大于合同约定面积时，面积误差比在 3% 以内（含 3%）部分的房价款由买受人补足；超出 3% 部分的房价款由房地产开发企业承担，产权归买受人。产权登记面积小于合同约定面积时，面积误差比绝对值在 3% 以内（含 3%）部分的房价款由房地产开发企业返还买受人；绝对值超出 3% 部分的房价款由房地产开发企业双倍返还买受人。

面积误差比 ＝（产权登记面积－合同约定面积）÷合同约定面积×100%

（2）按建筑面积计价。按建筑面积计价的，当事人应当在合同中约定套内建筑面积和分摊的共有建筑面积，并约定建筑面积不变而套内建筑面积发生误差及建筑面积与套内建筑面积均发生误差时的处理方式。

【例 6-3】2024 年 1 月，皇冠房地产有限公司金色漫谷住宅项目销售面积结算表，见表 6-3。

表 6-3　金色漫谷住宅项目结算表　　　　　　　　　单位：元

客户	房号	合同面积	销售单价	合同价款	确权面积	按确权面积计算的房款为	面积误差比	应结算价款	已经收款	结算差额
甲	203	50	9 810	490 500	60	588 600	20%	—	—	—
乙	204	70	9 810	686 700	67	657 270	−4.29%	—	—	—
合计	—	—	—	1 177 200	—	1 245 870	—	—	—	—

甲客户购买 203 室面积误差比为 20%，超出 3%，甲客户有权退房。但甲客户不退房，产权登记面积 60 平方米大于合同约定面积 50 平方米，面积误差比在 3% 以内（含 3%）部分的房款由买受人补足，即（50×3%）×9 810＝14 715（元）；超出 3% 部分的房价款由房地产开发企业承担，即 50×（20%−3%）×9 810＝83 385（元）。产权归甲客户所有。

含税销售收入＝490 500＋14 715＝505 215（元）

乙客户，面积误差比绝对值为 4.29%，超出 3%，乙客户有权退房。乙客户选择不退房，产权登记面积 67 平方米，小于合同约定面积 70 平方米。根据规定，面积误差比绝对值在 3% 以内（含 3%）部分房款由房地产开发企业返还乙客户，即 70×3%×9 810＝20 601（元）；绝对值超出 3% 部分的房价款由房地产开发企业双倍返还乙客户，即 70×（4.29%−3%）×9 810×2＝17 716.86（元）。房地产开发企业合计共需返还乙客户 38 317.86（元）。

该公司确认含税销售收入＝686 700−38 317.86＝648 382.14（元）

【例 6-4】2024 年 5 月 1 日，宏大房地产有限公司花溪小区第 23、14 号楼竣工，经相关部门验收合格，可以交房。经测量，业主需要补交房款

1 290 000元。根据测绘面积、发票等，假设不考虑相关税费，会计分录如下。

借：应收账款 1 290 000

贷：合同负债——售楼款——房产尾款 1 290 000

【例6-5】2024年5月1日，宏大房地产有限公司花溪小区第23、14号楼竣工，结转成本以及确认收入，根据相关单据计算，收到首付款8 350万元，按揭回款23 470万元，房产尾款789万元，应收面积差款48万元。

借：合同负债——首付款 83 500 000

　　　　　　——按揭回款 234 700 000

　　　　　　——房产尾款 7 890 000

　　应收账款——售楼款 480 000

贷：主营业务收入 326 570 000

第23、14号楼成本计算汇总表，见表6-4。

表6-4　成本计算表　　　　　　　　单位：万元

项　　　目	金　　额
土地使用权出让金	4 240
土地征用及拆迁补偿费	860
前期工程费	320
基础设施费	250
建筑安装工程费	5 170
公共配套设施费	1 290
开发间接费	940
税金	1 120
其他	900
合计	15 090

根据表6-4进行账务处理。

借：主营业务成本 150 900 000

贷：开发产品 150 900 000

2. 代收代付款项的核算

代业主办理权属证书、代收维修基金等代收代付款项，账务处理如下：

借：银行存款

　　贷：其他应付款

【例6-6】 接上例，代业主办理权属证书、代收维修基金等代收128万元。

借：银行存款　　　　　　　　　　　　　　　　　1 280 000

　　贷：其他应付款　　　　　　　　　　　　　　　　1 280 000

3. 以土地价款抵减销项税额的账务处理

月末时，财务部门以土地价款抵减销项税额的账务处理，账务处理见表6-5。

表6-5　以土地价款抵减销项税额的账务处理

核算时点	期（月）末
核算依据	土地价款抵销台账及土地取得时土地使用权出让金单据，省级以上（含省级）财政部门监（印）制的财政票据
账务处理	借：应交税费——应交增值税（销项税额抵减） 　　贷：主营业务成本

【例6-7】 宏大房地产有限公司花溪小区第23、14号楼土地使用权出让金4 240万元，当期销售房地产项目建筑面积10 000平方米，可供销售建筑面积为20 000平方米。

土地价款抵减的销项税额＝当期允许扣除的土地价款÷（1＋9％）×9％×（当期销售房地产项目建筑面积÷房地产项目可供销售建筑面积）＝4 240÷（1＋9％）×9％×（10 000÷20 000）＝175.05（万元）

借：应交税费——应交增值税（销项税额抵减）　　1 750 500

　　贷：主营业务成本　　　　　　　　　　　　　　　1 750 500

4. 一般纳税人销售商品房的规定

根据国家税务总局公告2016年第18号规定：

第十条　一般纳税人采取预收款方式销售自行开发的房地产项目，应在收到预收款时按照3％的预征率预缴增值税。

第十一条　应预缴税款按照以下公式计算：

应预缴税款＝预收款÷（1＋适用税率或征收率）×3％。

……

第十二条　一般纳税人应在取得预收款的次月纳税申报期向主管国税机关预缴税款。

5. 小规模纳税人销售商品房的规定

国家税务总局公告 2016 年第 18 号规定：

第十九条　房地产开发企业中的小规模纳税人（以下简称小规模纳税人）采取预收款方式销售自行开发的房地产项目，应在收到预收款时按照 3% 的预征率预缴增值税。

第二十条　应预缴税款按照以下公式计算：

应预缴税款＝预收款÷（1＋5%）×3%

第二十一条　小规模纳税人应在取得预收款的次月纳税申报期或主管国税机关核定的纳税期限向主管国税机关预缴税款。

企业预缴增值税时，借记"应交税费——预交增值税"科目，贷记"银行存款"科目。月末，企业应将"预交增值税"明细科目余额转入"未交增值税"明细科目，借记"应交税费——未交增值税"科目，贷记"应交税费——预交增值税"科目。房地产开发企业等在预缴增值税后，应直至纳税义务发生时方可从"应交税费——预交增值税"科目结转至"应交税费——未交增值税"科目。

会计上可以这么处理：

（1）收到预收款时。

借：银行存款

　　贷：合同负债

（2）次月预缴预收款增值税时。

借：应交税费——预交增值税

　　贷：银行存款

借：应交税费——未交增值税——××项目

　　贷：应交税费——预交增值税——××项目

【例 6-8】华山建筑集团是一家主营房地产开发经营的企业（一般纳税人），机构所在地深圳龙岗区，开发的佳丽园小区项目在福田区，企业对佳丽园小区房地产项目选择了一般计税方法计税。

（1）2020 年 5 月，该公司为开发佳丽园小区项目，取得土地 200 000 平方米，支付土地使用权出让金金额 327 000 万元，并取得相应财政票据；佳丽园小区项目可供销售建筑面积 100 000 平方米。

(2) 2020 年 10 月，总计支付工程款 3 800 万元（不含税价），均取得增值税专用发票。其中地质勘察费 100 万元，规划设计、施工图设计及其他设计 400 万元，其他工程费用 3 300 万元。

(3) 2020 年 12 月，总计发生建筑安全工程费 4 200 万元（不含税价），并取得增值税专用发票。其中主体承包工程 3 200 万元，水暖工程 200 万元，工程监理费 300 万元，其他工程 500 万元。

(4) 2021 年 1 月，华山建筑集团除佳丽园小区房地产项目外，在同一地块，同时配建政府公租房良庄小区，建筑面积为 15 000 平方米。当月共计发生人力资源外包支付不含税金额 5 100 万元，劳务派遣公司开具增值税专用发票不含税金额 1 800 万元，增值税普通发票不含税金额 3 300 万元。该笔人工费用佳丽园小区、良庄小区无法合理划分。

(5) 2023 年 7 月，该佳丽园小区房地产项目主体封顶，并取得预售许可证。当月取得预收房款 545 000 万元，并开具统一收据。

(6) 2023 年 10 月，该佳丽园小区房地产项目预售部分开始交房，并结转预收收入 545 000 万元。已知交房面积为 50 000 平方米，开具预收款发票。

(7) 2024 年 6 月，实现剩余现房销售 566 800 万元（含税价），给业主开具全额房款发票。

根据上述资料，会计分录如下。

(1) 支付土地价款。

借：开发成本——佳丽园小区土地使用权出让金

3 270 000 000

贷：银行存款 3 270 000 000

(2) 支付前期工程款。

进项税额＝（100＋400）×6%＋3 300×9%＝30＋297＝327（万元）

借：开发成本——佳丽园小区勘察设计费 1 000 000

——佳丽园小区规划设计费 4 000 000

——佳丽园小区其他工程费 33 000 000

应交税费——应交增值税（进项税额） 3 270 000

贷：银行存款 41 270 000

（3）支付建安工程款。

进项税额＝300×6％＋（3 200＋200＋500）×9％＝18＋351＝369（万元）

借：开发成本——佳丽园小区建筑安全工程费　　42 000 000

　　应交税费——应交增值税（进项税额）　　　3 690 000

　　　　贷：银行存款　　　　　　　　　　　　　　　　45 690 000

（4）支付外包人力成本。

由于公租房为免征增值税项目，佳丽园小区、良庄小区无法划分进项税额；同时劳务派遣公司采取差额纳税计算方法，因此，

劳务派遣适用差额征税，进项税额＝1 800×5％＝90（万元）

不得抵扣的进项税额＝当期无法划分的全部进项税额×（简易计税、免税房地产项目建设规模÷房地产项目总建设规模）＝1 800×5％×[15 000÷（15 000＋100 000）]＝11.74（万元）

可以抵扣的进项税额＝90－11.74＝78.26（万元）

借：主营业务成本——人力成本　　　　　　　50 217 400

　　应交税费——应交增值税（进项税额）　　　782 600

　　　　贷：银行存款　　　　　　　　　　　　　　　　51 000 000

（5）2023年7月预收房款：

预收款预缴税金＝545 000÷（1＋9％）×3％＝15 000（万元）

借：银行存款　　　　　　　　　　　　　　5 450 000 000

　　　　贷：合同负债　　　　　　　　　　　　　　　5 450 000 000

借：应交税费——预交增值税　　　　　　　　150 000 000

　　　　贷：应交税费——未交增值税——佳丽园小区　　150 000 000

2023年8月（暂不考虑7月份其他进项税额）：

借：应交税费——未交增值税——佳丽园小区　　150 000 000

　　　　贷：银行存款　　　　　　　　　　　　　　　150 000 000

（6）2023年结转预收款收入：

土地价款抵减的销项税额＝支付的土地价款不含税金额×9％×（当期销售房地产项目建筑面积÷房地产项目可供销售建筑面积）＝327 000÷（1＋9％）×9％×（50 000÷100 000）＝13 500（万元）

预收款实现的销项税额＝545 000÷（1＋9％）×9％＝45 000（万元）

冲减开发成本：

借：应交税费——应交增值税（销项税额抵减）135 000 000

　　贷：开发成本——佳丽园小区土地使用权出让金135 000 000

预收款合计确认的销项税额＝45 000－13 500＝31 500（万元）

借：合同负债　　　　　　　　　　　　　　　　5 450 000 000

　　贷：应交税费——应交增值税（销项税额）　　　　315 000 000

　　　　主营业务收入　　　　　　　　　　　　　　5 135 000 000

（7）现房销售时，直接确认收入实现：

土地价款抵减的销项税额＝327 000÷（1＋9%）×9%×（50 000÷100 000）＝13 500（万元）

现房款合计确认的销项税额＝566 800÷（1＋9%）×9%＝46 800（万元）

冲减开发成本：

借：应交税费——应交增值税（销项税额抵减）135 000 000

　　贷：开发成本——佳丽园小区土地使用权出让金135 000 000

借：银行存款　　　　　　　　　　　　　　　　5 668 000 000

　　贷：应交税费——应交增值税（销项税额）　　　　468 000 000

　　　　主营业务收入　　　　　　　　　　　　　　5 200 000 000

6.2.2　销售佣金的核算

　　房产开发企业的销售佣金作为合同取得成本核算。根据规定：企业为取得合同发生的增量成本预期能够收回的，应当作为合同取得成本确认为一项资产，但是资产的摊销期限不超过一年的，可以在发生时计入当期损益。合同取得成本应当采用与该资产相关的商品收入确认相同的基础（即，在履约义务履行的时点或按照履约义务的履约进度）进行摊销，计入当期损益。

　　对于房地产开发企业而言，与客户签署一份商品房销售合同，未来实现销售的概率很高，即未来经济利益很可能流入，所以销售佣金的发生符合资产定义，确认为合同取得成本。合同取得成本按照配比原则，在未来经济利益流入时，转入费用。

　　此外，对于差旅费，也是为取得合同发生，但不同于佣金的是，这些费用的发生并非已取得合同，因此不能确认为资产，但是如果客户同意承担差旅费，相当于未来有经济利益流入，只是与合同没有直接关系，因此可以将差旅费确认为一项其他应收款，而非合同取得成本。在房地产销售业务中，常常存在"买房送装修""买房送车位"等活动。在"新收入准则"下，就要对多项服务进行评估，识别各单项履约义务。如买房送装修，先分别评估各单项履约义务，拆分出房产销售和房屋装修两个履约义务。再将合同交易价格分摊至这两个履约义务。

【例 6-9】正大房地产有限公司从事香园住宅项目的开发与销售。该房地产公司开展"买房送装修"活动，该房地产公司开展预计 2020 年 5 月开始销售，预计 2024 年 5 月竣工并装修完毕交付。项目总收入预计为 9.81 亿元，预算总成本为 6.758 亿元，销售佣金为 600 万元。香园住宅项目毛坯房 2020 年、2021 年及 2022 年末的履约进度分别为 20%，70% 和 100%。2022 年毛坯房完成后，2022—2024 年 1 月完成装修工程，该项装修服务如单独提供预计为 5 450 万元，成本预计为 3 270 万元。装修服务 2022—2024 年 5 月的履约进度分别为 60% 和 40%。

根据该房地产公司与当地购房者签署的购房协议，根据购销协议的约定，买方有义务根据进度结算表向企业支付款项，且买方没有单方面权利终止购销协议。协议签订后且开发商已经开始履行相关义务，因买方违约而导致买方没有单方面解除合同约定的权利，如经开发商同意可撤销的话，买方需要足额补偿开发商因履行义务而发生的成本和合理利润。（为简化分析，假设本案例满足商品的不可替代用途条件，假设合同不包含重大融资成分，且不考虑交易环节的各项税费，所有房屋均于 2024 年度完成交付。）

（1）根据新收入准则的规定，正大房地产有限公司需要拆分房产销售和房屋装修两个履约义务，并将合同交易价格分摊至房产销售和房屋装修，分别确定各自的交易价格。

（2）该案例中房产销售同时满足"不可替代用途"及"强制付款请求权"，应按照签订预售合同后项目完工进度在一段时间内确认收入。

（3）该案例中房屋装修属于建筑服务业，按在一段时间内履行进度确认收入。

2020 年至 2024 年主营业务收入、主营业务成本、销售费用计算，见表 6-6。

表 6-6　2020 年至 2024 年主营业务收入、主营业务成本、销售费用计算

单位：万元

年份	2020	2021	2022	2023	2024
主营业务收入	$(98\,100-5\,450)$ $\times 20\%$ $=18\,530$	$(98\,100-5\,450)$ $\times(70\%-20\%)$ $=46\,325$	$(98\,100-5\,450)$ $\times(1-70\%)$ $=27\,795$	$5\,450\times60\%$ $=3\,270$	$5\,450\times40\%$ $=2\,180$
主营业务成本	$(67\,580-3\,270)$ $\times20\%$ $=12\,862$	$(67\,580-3\,270)$ $\times(70\%-20\%)$ $=32\,155$	$(67\,580-3\,270)$ $\times(1-70\%)$ $=19\,293$	$3\,270\times60\%$ $=1\,962$	$3\,270\times40\%$ $=1\,308$
销售费用	$600\times$ $[(98\,100-$ $5\,450)\div$ $98\,100]\times20\%$ $=112.80$	$600\times$ $[(98\,100-$ $5\,450)\div$ $98\,100]\times$ $(70\%-20\%)$ $=282$	$600\times$ $[(98\,100-$ $5\,450)\div$ $98\,100]\times$ $(1-70\%)$ $=169.20$	$600\times$ $(5\,450\div$ $98\,100)\times60\%$ $=20.16$	$600-$ $112.80-282-$ $169.20-$ $20.16=15.84$

6.3　老项目销售收入的核算

如果房地产企业开发项目均为老项目且采用简易计税方法，取得增值税专用发票的，须根据当地税务机关的要求进行认证，并做进项税额转出。

如果房地产企业开发项目既有简易计税方法的老项目，又有一般计税方法的新项目。新老项目共同支出要按照建设规模进行比例划分，分配到新项目的不含税支出所对应的税款可以作为进项税额，分配到老项目的不含税支出所对应的税额不得作为进项税额而作为成本费用组成部分。账务处理见表 6-7。

表 6-7　老项目销售收入账务处理

核算时点	核算依据	账务处理
预收商品房款时	商品房认购书、定金收据	借：银行存款　　　贷：合同负债
次月	预缴税款计算表	借：应交税费——预交增值税　　　贷：银行存款

核算时点	核算依据	账务处理
业主验房时	销售合同、增值税发票、收房确认书（业主签认单）	借：银行存款、合同负债 　贷：主营业务收入 　　应交税费——简易计税（计提）

一般纳税人的简易计税方法，在确认预缴、计提、缴纳等环节涉及增值税时，要采用"应交税费——简易计税——某项目"科目核算，不使用"应交税费——预交增值税"科目核算。

【例 6-10】福成房地产有限公司（一般纳税人）采用简易计税核算 2019年一个老项目，2024 年 5 月 1 日，该公司预售房地产，至 2024 年 5 月 31 日，共取得预收款 6 300 万元。

2024 年 6 月，办理交房手续。根据成本计算单统计，总成本为 4 500 万元。

应预缴税款＝6 300÷（1＋5％）×3％＝180（万元）

（1）5 月 31 日，会计处理如下。

借：银行存款　　　　　　　　　　　　　　　　63 000 000

　　贷：合同负债　　　　　　　　　　　　　　　　63 000 000

借：应交税费——简易计税——计提　　　　　　1 800 000

　　贷：应交税费——简易计税——项目　　　　　　1 800 000

（2）6 月缴纳税款。

借：应交税费——简易计税——××项目　　　　1 800 000

　　贷：银行存款　　　　　　　　　　　　　　　　1 800 000

（3）7 月确认收入。5 月预收款开票交房，即纳税义务实现，7 月应针对5 月预收部分按适用税率征收。

应纳税款＝6 300÷（1＋5％）×5％－180＝120（万元）

借：合同负债　　　　　　　　　　　　　　　　63 000 000

　　贷：主营业务收入　　　　　　　　　　　　　　60 000 000

　　　　应交税费——简易计税——计提　　　　　　3 000 000

同时结转成本。

借：主营业务成本　　　　　　　　　　　　　　45 000 000

　　贷：开发产品——房屋开发　　　　　　　　　　45 000 000

房地产开发企业将自建房产作为投资性房地产用于出租、自建待售房产临时性出租用于赚取租金。

6.4.1 出租房地产的核算范围

出租房地产在"投资性房地产"科目核算，包括采用成本模式计量的投资性房地产和采用公允价值模式计量的投资性房地产。企业应当按照投资性房地产类别和项目并分别"成本"和"公允价值变动"进行明细核算。

1. 投资性房地产的范围

（1）已出租的土地使用权：企业以经营租赁方式出租的土地使用权，包括自行开发完成后用于出租的土地使用权。用于出租的土地使用权是指企业通过出让或转让方式取得的土地使用权。

第一，企业以经营方式租入建筑物或土地使用权再转租给其他单位或个人的，不属于投资性房地产，也不能确认为企业的资产。

第二，已出租的投资性房地产租赁期届满，暂时空置但继续用于出租的，仍作为投资性房地产。

（2）持有并准备增值后转让的土地使用权，企业取得的、准备增值后转让的土地使用权。

按照国家有关规定认定的闲置土地，不属于投资性房地产。

（3）已出租的建筑物，企业以经营租赁方式出租的建筑物，包括自行建造或开发完成后用于出租的房屋等。

出租的建筑物应是企业拥有产权的建筑物。

2. 不属于投资性房地产的范围

自用房地产，为生产商品、提供劳务或者经营管理而持有的房地产，如企业的厂房、办公楼、经营用土地等。

企业出租给本企业职工居住的宿舍，即使按照市场价格收取租金，也不属于投资性房地产。

6.4.2 将自建房屋作为投资性房地产用于出租

企业自行建造（或开发，下同）的房地产，只有在自行建造或开发活动完成（即达到预定可使用状态）的同时开始对外出租或用于资本增值，才能将自行建造的房地产确认为投资性房地产，见表6-8。

表6-8 将自建房产作为投资性房地产用于出租账务处理

核算时点	核算依据	账务处理
租赁合同签署日或董事会决议日	租赁合同、董事会决议、投资性房地产摊销表	转为投资性房地产 借：投资性房地产 　　贷：固定资产 结转成本时 借：其他业务成本 　　贷：投资性房地产累计折旧或摊销

【例6-11】亚雷房地产开发有限公司于2022年2月开发一栋写字楼，2024年1月竣工。该公司与梅州商贸有限公司签订经营租赁合同，约定该写字楼完工达到预定可使用状态，立即租赁给梅州商贸有限公司使用，租期为10年。2024年1月1日，该写字楼完工达到预定可使用状态，工程全部造价为16 000万元。梅州商贸有限公司于2024年1月1日正式起租。

宏远房地产开发公司账务处理如下：

①转入投资性房地产。

借：投资性房地产——写字楼　　　　　　　160 000 000

　　贷：固定资产——写字楼　　　　　　　　　160 000 000

②根据租赁合同，取得第一年收入479.60万元（含税），开出增值税专用发票，税额39.60万元。同时收取押金100万元。

借：银行存款　　　　　　　　　　　　　　5 796 000

　　贷：其他业务收入　　　　　　　　　　　　4 400 000

　　　应交税费——应交增值税（销项税额）　　 396 000

　　　其他应付款——押金　　　　　　　　　　1 000 000

该写字楼采用年限平均法计提折旧。即每年计提折旧＝160 000 000÷10＝16 000 000（元）

借：其他业务成本   16 000 000

    贷：投资性房地产累计折旧   16 000 000

支付修理费 8 900 元。

2024 年 4 月 1 日，发生修理费 8 900 元，取得增值税普通发票，开出转账支票支付。

借：其他业务成本   8 900

    贷：银行存款   8 900

6.4.3　开发产品先出租再出售

将开发产品先出租再出售的，应按以下原则确认收入的实现：

（1）将待售开发产品转作经营性资产，先以经营性租赁方式出租或以融资租赁方式出租以后再出售的，租赁期间取得的价款应按租金确认收入的实现，出售时再按销售资产确认收入的实现；

（2）将待售开发产品以临时租赁方式出租的，租赁期间取得的价款应按租金确认收入的实现，出售时再按销售开发产品确认收入的实现。

【例 6-12】长江房地产开发公司将其出租的一栋写字楼确认为投资性房地产，采用成本模式计量。租赁期届满后，长江房地产开发公司将该栋写字楼出售给乙公司，合同含税价款为 16 350 万元，乙公司已用银行存款付清。出售时，该栋写字楼的成本为 6 800 万元，已计提折旧 3 500 万元。长江房地产开发公司的账务处理如下：

借：银行存款   163 500 000

    贷：其他业务收入   150 000 000

        应交税费——应交增值税（销项税额）   13 500 000

借：其他业务成本   33 000 000

    投资性房地产——累计折旧（摊销）   35 000 000

    贷：投资性房地产——写字楼   68 000 000

6.4.4　以房地产存货投资

房地产开发企业以存货投资，赚取商业经营利润。

【例 6-13】2024 年 1 月 1 日，梅州市亚逊房地产开发有限公司以一幢待售商业用房向星昊建筑有限公司投资，该商业用房开发产品成本为 9 000 万元，投资公允价值为 19 000（不含税）万元，占被星昊建筑有限公司增资后注册资本的 30%（即占星昊建筑有限公司表决权资本 30%），按出资比例占星昊建筑有限公司 2024 年 1 月 1 日的净资产金额为 19 850 万元，根据规定，按照权益法核算。

应交增值税＝19 000×9%＝1 710（万元）

应交城市维护建设税＝1 710×7%＝119.70（万元）

应交教育费附加＝1 710×3%＝51.30（万元）

应交地方教育附加＝1 710×2%＝34.20（元）

应交印花税＝19 000×0.5‰＝9.50（万元）

应交土地增值税的计算：

①扣除项目金额合计＝9 000＋119.70＋51.30＋34.20＋9.50＝9 214.70（万元）

②增值额＝19 000－9 214.70＝9 785.30（万元）

③增值率＝9 785.30÷9 214.70×100%＝106.20%

④增值额超过扣除项目金额 100%，未超过 200% 的部分，适用 50% 的税率，速算扣除率为 15%。因此缴纳的土地增值税为：

应纳税额＝9 785.30×50%－9 214.70×15%＝3 510.44（万元）

账务处理如下：

借：长期股权投资——星昊建筑有限公司（投资成本）

            207 100 000

  贷：主营业务收入   190 000 000

    应交税费——应交增值税（销项税额） 17 100 000

借：税金及附加   37 251 400

  贷：应交税费——城市维护建设税   1 197 000

      ——教育费附加   513 000

      ——地方教育附加   342 000

      ——印花税   95 000

      ——土地增值税   35 104 400

借：主营业务成本   90 000 000

  贷：开发产品——商业用房   90 000 000

6.5 土地使用权转让收入的核算

土地使用权转让是指土地使用者将土地使用权再转移的行为，包括出售、交换和赠送。未按土地使用权出让合同规定的期限和条件投资开发，利用土地的，土地使用权不得转让。土地使用权转让应当签订转让合同。土地使用权转让时，土地使用权出让合同和登记文件中所载明的权利、义务随之转移，但其地上建筑物、其他附着物的所有权转让，应当依照规定办理过户登记。土地使用权和地上建筑物，其他附着物所有权分割转让的，应当经市、县人民政府自然资源管理部门和房产管理部门批准，并依法办理过户登记。土地使用权转让须符合上述规定，否则即为非法转让。也可以采取股权收购的方式，即通过购买目标公司的股权来完成土地的使用。

（1）出让方式取得土地使用权，转让房地产时，不符合下列条件不能转让：

①按照出让合同支付全部土地使用权出让金，并取得土地使用权证书的；

②按照出让合同约定进行投资开发，属于房屋建设工程的，完成开发投资总额的25%以上的。

（2）属于成片开发土地的，依照规划对土地进行开发建设，应完成供排水、供电、道路交通、通信等市政基础设施和公共设施的建设，达到场地平整，形成工业用地或其他建设用地条件的。转让房地产时，房屋已建成的，应取得房屋所有权证书。

（3）司法机关和行政机关依法裁定，决定查封或者以其他形式限制房地产权利的。

（4）依法收回土地使用权的。

（5）共有房地产，未经其他共有人书面同意的。

（6）权属有争议的。

（7）未依法登记领取权属证书的。

（8）法律、行政法规规定禁止转让的其他情形。

【例6-14】2024年3月，恒通房地产开发公司转让四年前购入的一块土地，取得转让收入4 905万元。该土地购进价3 488万元，取得土地使用权时缴纳相关费用129万元，该土地一直未开发。转让该土地时缴纳相关税费245万元。账务处理如下。

（1）收到价款时。

借：银行存款　　　　　　　　　　　　　49 050 000
　　贷：其他业务收入　　　　　　　　　　　45 000 000
　　　　应交税费——应交增值税（销项税额）　4 050 000

（2）结转成本：3 488＋129＝3 617（万元）。

借：其他业务成本　　　　　　　　　　　　36 170 000
　　贷：开发成本　　　　　　　　　　　　　36 170 000

（3）计算土地增值税。

增值额＝4 500－3 488－129－245
　　　＝638（万元）

增值率＝增值额÷（土地出让收入－增值额）×100％
　　　＝638÷（4 500－638）×100％
　　　＝16.52％

应纳税额＝增值额×税率－（土地出让收入－增值额）×速算扣除系数
　　　　＝638×30％
　　　　＝191.4（万元）

（4）根据上述资料，账务处理如下：

借：税金及附加　　　　　　　　　　　　　1 914 000
　　贷：应交税费——应交土地增值税　　　　1 914 000
借：应交税费——应交土地增值税　　　　　1 914 000
　　贷：银行存款　　　　　　　　　　　　　1 914 000

6.6　房地产开发项目的物业管理收入的核算

　　房地产开发企业完成建筑开发外，还提供物业管理，并成立物业管理企业。物业管理企业应当按照我国法律规定设立，并且应当取得相应的资质等级，具有法人资格的物业管理企业必须具备相应的资质才能从事物业管理业务。

　　物业管理企业为物业产权人、使用人提供公共卫生清洁、公用设施的维修和保安、绿化、停车等公共性服务费收取物业费；因代收代交有关费用等应付给有关单位的款项，如代收的水电费、煤气费、有线电视费、电话费等都属于代收代交费用。

6.6.1 收取物业费

（1）物业公司收取业主预先缴纳的物业费时确认的款项会计处理，见表 6-9。

表 6-9　收取业主费用的账务处理

核算时点	核算依据	账务处理
收到银行回单时或现金收讫时	银行进账单等	借：银行存款 　贷：预收账款 　　应交税费——应交增值税（销项税额）

【例 6-15】西城物业有限公司为一般纳税人，增值税率为 6%。2024 年 1 月 10 日，收取荔园小区业主物业费共计 3 710 000 元，当日填写银行进账单存入银行。账务处理如下：

借：银行存款　　　　　　　　　　　　　　　371 0 000

　贷：预收账款　　　　　　　　　　　　　　　3 500 000

　　应交税费——应交增值税（销项税额）　　　　210 000

（2）物业公司收取代收款项会计处理，见表 6-10。

表 6-10　物业公司收取代收款项账务处理

核算时点	核算依据	账务处理
收到银行回单时或现金收讫时	银行进账单等	借：银行存款 　贷：其他应付款——应付暂收款

【例 6-16】2024 年 1 月 10 日，西城物业有限公司代收荔园小区业主供暖费 1 389 000 元，当日填写银行进账单存入银行。账务处理如下：

借：银行存款　　　　　　　　　　　　　　　1 389 000

　贷：其他应付款——应付暂收款　　　　　　　1 389 000

6.6.2 物业管理成本核算

物业管理成本，一般包括直接从事物业管理等经营活动的人员工资、资金和按规定比例提取的福利费、工会经费、教育经费、绿化费、保洁费、保安费，直接用于物业管理等经营活动的折旧费用等。物业公司有偿使用产权属全体业主共用的商业用房和共用设施设备，应负担的有关租赁费、承包费、维修及保养费、水电费，相关经营人员的工资、福利、劳动保护费等为物业经营成本，包括自营方式进行物业管理服务，出包方式进行的公共性服务、经营由业主委员会或物业提供的房屋发生的成本。

非经常损失消耗，如灾害盗窃损失、违约金、滞纳金等赔偿支出、资产减值损失等，与企业直接生产经营活动无关的经营管理性支出均计入期间费用或营业外支出。

（1）物业公司采用自营方式进行物业管理服务的，发生各项直接费用时确认物业管理成本。账务处理见表 6-11。

表 6-11　物业管理成本账务处理

核算时点	核算依据	账务处理
期末相关成本费用发生时	发票、工资单、银行单据等	借：主营业务成本 　　应交税费——应交增值税（进项税额） 　贷：银行存款/应付职工薪酬/累计折旧

【例 6-17】2024 年 1 月 31 日，西城物业有限公司计提应付职工工资142 000元。账务处理如下：

　　借：主营业务成本　　　　　　　　　　　　　　142 000

　　　　贷：应付职工薪酬　　　　　　　　　　　　　　142 000

2024 年 1 月 31 日，发放员工工资135 000 元，代扣代缴职工租房费用等7 000 元。账务处理如下：

　　借：应付职工薪酬　　　　　　　　　　　　　　135 000

　　　其他应收款　　　　　　　　　　　　　　　　7 000

　　　　贷：银行存款　　　　　　　　　　　　　　　142 000

（2）物业公司采取出包方式进行的公共性服务，如绿化、保洁等，一般按照签订的承包合同约定的服务发生时间结算并确认物业管理成本。账务处理见表 6-12。

表 6-12　采用出包方式的账务处理

核算时点	核算依据	账务处理
相关成本、费用发生时	发票、分包合同、银行单据等	借：主营业务成本 　　应交税费——应交增值税（进项税额） 　贷：银行存款/应付账款

【例6-18】2024年1月31日，西城物业有限公司将荔园小区保洁出包给茴香服务公司（小规模纳税人），每年保洁费用不含税为65 000元。财务部根据服务外包合同，对方享受增值税税收优惠，开具的增值税专用发票税额为650元。进行账务处理如下：

  借：主营业务成本   65 000

    应交税费——应交增值税（进项税额）   650

    贷：银行存款/应付账款   65 650

（3）物业公司经营由业主委员会或物业产权人、使用人提供的房屋、建筑物和共用设施等应负担的支出于实际发生时确认物业经营成本。相关成本账务处理见表6-13。

表6-13　相关成本账务处理

核算时点	核算依据	账务处理
期末相关成本费用发生时	发票、工资单、材料采购单、银行单据等	借：主营业务成本 　　应交税费——应交增值税（进项税额） 贷：银行存款/应付职工薪酬/其他应付款——维修基金

【例6-19】2024年1月31日，西城物业有限公司维修荔园小区内健身器材，购买配件2 600元。进行账务处理如下：

  借：主营业务成本   2 600

    贷：银行存款   2 600

6.6.3　物业管理收入的确认

物业管理收入是指企业向物业产权人、使用人收取的公共性服务收入、公众代办性服务收入和特约服务收入。账务处理见表6-14。

表6-14　物业管理收入账务处理

核算时点	核算依据	账务处理
劳务已经提供，同时收讫价款或取得收取价款的凭据时	发票、租赁合同、物业合同、银行单据等	借：银行存款/应收账款/预收账款 贷：主营业务收入 　　应交税费——应交增值税（销项税额）

【例6-20】2024年1月31日，西城物业有限公司当月取得物业管理收入

6 890 000 元，税额 413 400 元。进行账务处理如下：

借：银行存款　　　　　　　　　　　　　　7 303 400

　　贷：主营业务收入　　　　　　　　　　　　　　6 890 000

　　　　应交税费——应交增值税（销项税额）　　　　413 400

6.6.4　申请维修基金

根据《住宅专项维修资金管理办法》第七条规定："商品住宅的业主、非住宅的业主按照所拥有物业的建筑面积交存住宅专项维修基金，每平方米建筑面积交存首期住宅专项维修资金的数额为当地住宅建筑安装工程每平方米造价的 5% 至 8%。"预收维修基金包括收到维修基金，收到维修基金利息、有偿使用产权属全体业主共用的商业用房。开发公司将维修基金交由房管部门统一管理，开发公司在需要进行维修时，要先向相关房管部门报送维修申请及资料，房管部门同意后，先预付部分维修资金，待物业公司对物业维修完毕后，再将经由业主管理委员会或产权人、使用人签证认可确认的验工计价等报房管部门审批，房管部门再将剩余的维修基金拨付给物业公司。

物业公司申请使用维修资金，账务处理见表 6-15。

表 6-15　物业公司申请使用维修资金账务处理

核算时点	核算依据	账务处理
收到款项时	维修申请单、银行单据等	借：银行存款 　　贷：其他应付款——维修基金

【例 6-21】2024 年 1 月 1 日，西城物业有限公司申请物业维修基金 320 000 元，财务部根据维修申请单、银行单据等，账务处理如下：

借：银行存款　　　　　　　　　　　　　　320 000

　　贷：其他应付款——维修基金　　　　　　　　320 000

物业公司有偿使用产权属全体业主共同的商业用房和共用设施设备进行经营时（如电梯广告牌出租），将应负担的有关租赁费、承包费用以维修基金的形式支付给业主。账务处理见表 6-16。

表 6-16　相关租赁费、承包费用账务处理

核算时点	核算依据	账务处理
租赁合同约定日期	发票、银行单据等	借：主营业务成本 　贷：其他应付款——维修基金

6.6.5　购进维修材料

物业公司承接房屋共同部位、共同设施设备大修、更新改造及由业主委员会或者物业产权人、使用人提供的管理用房、商业用房进行装饰装修等工程。物业工程按其实施方式的不同一般分为自营方式和出包方式。

物业公司自行组织施工时，施工中发生各项费用，包括人工费、材料费、工程物资、机械使用费在实际发生时确认大修成本账务处理，见表 6-17。

表 6-17　购进维修材料等账务处理

核算时点	核算依据	账务处理
收到发票、材料入库时	材料入库单、发票、采购合同等	借：原材料 　应交税费——待认证进项税额（发票未认证时） 　　　　　——应交增值税（进项税额） 　贷：银行存款/其他应付款/应付账款

【例 6-22】2024 年 2 月 1 日，荔园小区浴池进行装修，西城物业有限公司购入装修材料 150 000 元，取得增值税专用发票，税额 19 500 元。财务部根据材料入库单、发票、采购合同等，账务处理如下：

借：原材料　　　　　　　　　　　　　　　　　　　150 000

　　应交税费——应交增值税（进项税额）　　　　　 19 500

　　贷：应付账款　　　　　　　　　　　　　　　　　　　 169 500

装修队领用材料 150 000 元。

借：在建工程　　　　　　　　　　　　　　　　　　150 000

　　贷：原材料　　　　　　　　　　　　　　　　　　　　 150 000

装修完成后结转成本。

借：主营业务成本　　　　　　　　　　　　　　　　150 000

　　贷：在建工程　　　　　　　　　　　　　　　　　　　 150 000

第 7 章
所得税预征与汇算清缴

根据《中华人民共和国企业所得税法》（以下简称《企业所得税法》）规定，在中华人民共和国境内，企业和其他取得收入的组织（以下统称企业）为企业所得税的纳税人，依法缴纳企业所得税，但个人独资企业、合伙企业除外。个人独资企业、合伙企业纳入《中华人民共和国个人所得税法》的范畴。

7.1　企业所得税前收入的确定

开发产品销售收入的范围为销售开发产品过程中取得的全部价款，包括现金、现金等价物及其他经济利益。企业代有关部门、单位和企业收取的各种基金、费用和附加费等，凡纳入开发产品价格或由企业开具发票的，应按规定全部确认为销售收入；未纳入开发产品价格并由企业之外的其他收取部门、单位开具发票的，可作为代收代缴款项进行管理。

7.1.1 预售阶段所得税收入的确认

企业通过正式签订房地产销售合同或房地产预售合同所取得的收入，应确认为销售收入的实现，具体按以下规定确认。

（1）采取一次性全额收款方式销售开发产品的，应于实际收讫价款或取得索取价款凭据（权利）之日，确认收入的实现。

（2）采取分期收款方式销售开发产品的，应按销售合同或协议约定的价款和付款日确认收入的实现。付款方提前付款的，在实际付款日确认收入的实现。

（3）采取银行按揭方式销售开发产品的，应按销售合同或协议约定的价款确定收入额，其首付款应于实际收到日确认收入的实现，余款在银行按揭贷款办理转账之日确认收入的实现。

（4）采取委托方式销售开发产品的，应按以下原则确认收入的实现。

①采取支付手续费方式委托销售开发产品的，应按销售合同或协议中约定的价款于收到受托方已销开发产品清单之日确认收入的实现。

②采取视同买断方式委托销售开发产品的，属于企业与购买方签订销售合同或协议，或企业、受托方、购买方三方共同签订销售合同或协议的，如果销售合同或协议中约定的价格高于买断价格，则应按销售合同或协议中约定的价格计算的价款于收到受托方已销开发产品清单之日确认收入的实现；如果属于前两种情况中销售合同或协议中约定的价格低于买断价格，以及属于受托方与购买方签订销售合同或协议的，则应按买断价格计算的价款于收到受托方已销开发产品清单之日确认收入的实现。

（5）采取基价（保底价）并实行超基价双方分成方式委托销售开发产品的，属于由企业与购买方签订销售合同或协议，或企业、受托方、购买方三方共同签订销售合同或协议的，如果销售合同或协议中约定的价格高于基价，则应按销售合同或协议中约定的价格计算的价款于收到受托方已销开发产品清单之日确认收入的实现，企业按规定支付受托方的分成额，不得直接从销售收入中减除；如果销售合同或协议约定的价格低于基价的，则应按基价计算的价款于收到受托方已销开发产品清单之日确认收入的实现。属于由受托方与购买方直接签订销售合同的，则应按基价加上按规定取得的分成额于收到受托方已销开发产品清单之日确认收入的实现。

（6）采取包销方式委托销售开发产品的，包销期内可根据包销合同的有关约定，参照上述（1）至（3）项规定确认收入的实现；包销期满后尚未出售的开发产品，企业应根据包销合同或协议约定的价款和付款方式确认收入的实现。

7.1.2　毛利率的确定

企业销售未完工开发产品的计税毛利率由各省、自治区、直辖市税务局按下列规定进行确定：

（1）开发项目位于省、自治区、直辖市和计划单列市人民政府所在地城市城区和郊区的，不得低于15％。

（2）开发项目位于地级市城区及郊区的，不得低于10％。

（3）开发项目位于其他地区的，不得低于5％。

（4）属于经济适用房、限价房和危改房的，不得低于3％。

企业销售未完工开发产品取得的收入，应先按预计计税毛利率分季（或月）计算预计毛利额，计入当期应纳税所得额。开发产品完工后，企业应及时结算其计税成本并计算此前销售收入的实际毛利额，同时将其实际毛利额与其对应的预计毛利额之间的差额，计入当年度企业本项目与其他项目合并计算的应纳税所得额。

在年度纳税申报时，企业须出具对该项开发产品实际毛利额与预计毛利额之间差异调整情况的报告以及税务机关需要的其他相关资料。

7.1.3　企业所得税税率

我国企业所得税税率为25％，但下列情形，可适用其他税率。

（1）非居民企业在中国境内未设立机构、场所的，或者虽设立机构、场所但取得的所得与其所设机构、场所没有实际联系的，应当就其来源于中国境内的所得缴纳企业所得税，适用税率为20％征收企业所得税。

（2）符合条件的小型微利企业，减按20％的税率征收企业所得税。

（3）国家需要重点扶持的高新技术企业，减按15％的税率征收企业所得税。

7.1.4 纳税时间

《企业所得税法》第五十三条规定：

企业所得税按纳税年度计算，纳税年度自公历 1 月 1 日起至 12 月 31 日止。

企业在一个纳税年度中间开业，或者终止经营活动，使该纳税年度的实际经营期不足十二个月的，应当以其实际经营期为一个纳税年度。企业依法清算时，应当以清算期间作为一个纳税年度。

第五十四条　企业所得税分月或者分季预缴。

企业应当自月份或者季度终了之日起十五日内，向税务机关报送预缴企业所得税纳税申报表，预缴税款。

企业应当自年度终了之日起五个月内，向税务机关报送年度企业所得税纳税申报表，并汇算清缴，结清应缴应退税款。

第五十五条　企业在年度中间终止经营活动的，应当自实际经营终止之日起六十日内，向税务机关办理当期企业所得税汇算清缴。

企业应当在办理注销登记前，就其清算所得向税务机关申报并依法缴纳企业所得税。

7.2 法定扣除项目

法定扣除项目是据以确定企业所得税应纳税所得额的项目。企业实际发生的与取得收入有关的、合理的支出，包括成本、费用、税金、损失和其他支出，准予在计算应纳税所得额时扣除。

7.2.1 开发产品计税成本

开发产品计税成本是指企业在开发、建造开发产品过程中所发生的按照税收规定进行核算与计量的应归入某项成本对象的各项费用。开发产品计税成本支出的内容如下：

（1）土地征用及拆迁补偿费。

（2）前期工程费。

（3）建筑安装工程费。

（4）基础设施费。

（5）公共配套设施费。

（6）开发间接费。

7.2.2　计税工资

企业所得税计税工资是指按照税法规定，在计算纳税人的应纳税所得额时，允许扣除的工资标准，包括企业以各种形式支付给职工的基本工资、浮动工资、各类补贴、津贴、奖金等。国家根据统计部门公布的物价指数，以及国家财政状况，适时对计税工资限额进行调整。

计税工资与工资薪金的概念是不同的。工资薪金，是指企业每一纳税年度支付给在本企业任职或者受雇的员工的所有现金形式或者非现金形式的劳动报酬，包括基本工资、奖金、津贴、补贴、年终加薪、加班工资，以及与员工任职或者受雇有关的其他支出，但不包括企业的职工福利费、职工教育经费、工会经费及养老保险费、医疗保险费、失业保险费、工伤保险费、生育保险费等社会保险费和住房公积金。

根据规定，"企业发生的合理工资薪金支出，准予扣除"。"合理工资薪金"是指企业按照股东大会、董事会、薪酬委员会或相关管理机构制订的工资薪金制度规定实际发放给员工的工资薪金。因此，企业发生的合理的工资、薪金支出必须是支付给在本企业任职或受雇的员工。

在标准限额以内的工资薪金支出可以全额计算扣除，超过最高限额的部分，则要进行纳税调整，不得在企业所得税前扣除。属于国有性质的企业，其工资薪金，不得超过政府有关部门给予的限定数额；超过部分，不得计入企业工资薪金总额，也不得在计算企业应纳税所得额时扣除。

7.2.3　职工工会经费、职工福利费、职工教育经费的扣除标准

职工工会经费、职工福利费、职工教育经费的扣除。纳税人按照计税工资标准计提的职工工会经费、职工福利费、职工教育经费（不超过工资薪金总额比例分别为 2%、14%、8% 的部分，准予扣除），纳税人发放工资低于计税工资标准的，按其实际发放数计提三项经费。

1. 职工工会经费

职工工会经费不仅可以用于职工集体福利支出，还可用于年节、会员生

日、婚丧嫁娶、退休离岗的慰问支出等。企业每月按全部职工实际工资总额的2%向工会拨交工会会费，作为基层工会组织开展职工教育、文体、宣传等活动所发生的支出和工会组织的职工集体福利支出。

工会经费的来源：①工会会员缴纳的会费；②建立工会组织的企业、事业单位、机关按每月全部职工工资总额的2%向工会拨缴的经费；③工会所属的企业、事业单位上缴的收入；④人民政府的补助；⑤其他收入。

2. 职工福利费

职工福利费是指企业通过举办集体福利设施、设立各种补贴、提供服务等形式，为职工改善和提高生活质量所提供的物质帮助。职工福利包括集体福利和个人福利两部分，以集体福利为主。集体福利有两个显著特点：一是免费或优待（包括低廉收费），带有补贴性；二是以消费的形式满足广大职工的共同需要，每个职工都有平等的使用权利，如职工宿舍、浴室、食堂等设施。个人福利主要是为个别职工的特殊生活困难提供必要的货币补贴，直接支付给困难者，如职工生活困难补助等。

《关于企业新旧财务制度衔接有关问题的通知》（财企〔2008〕34号）第一条规定：

（一）……补充养老保险属于企业职工福利范畴，由企业缴费和个人缴费共同组成。

（二）补充养老保险的企业缴费总额在工资总额4%以内的部分，从成本（费用）中列支。企业缴费总额超出规定比例的部分，不得由企业负担，企业应当从职工个人工资中扣缴。个人缴费全部由个人负担，企业不得提供任何形式的资助。

······

（四）对于建立补充养老保险之前已经离退休或者按照国家规定办理内退而未纳入补充养老保险计划的职工，企业按照国家有关规定向其支付的养老费用，从管理费用中列支。

3. 职工教育经费

《财政部 税务总局关于企业职工教育经费税前扣除政策的通知》（财税〔2018〕51号）第一条规定："企业发生的职工教育经费支出，不超过工资薪金总额8%的部分，准予在计算企业所得税应纳税所得额时扣除；超过部分，准予在以后纳税年度结转扣除。"

企业职工教育培训经费列支范围包括：

（1）上岗和转岗培训；

（2）各类岗位适应性培训；

（3）岗位培训、职业技术等级培训、高技能人才培训；

（4）专业技术人员继续教育；

（5）特种作业人员培训；

（6）企业组织的职工外送培训的经费支出；

（7）职工参加的职业技能鉴定、职业资格认证等经费支出；

（8）购置教学设备与设施；

（9）职工岗位自学成才奖励费用；

（10）职工教育培训管理费用；

（11）有关职工教育的其他开支。

经单位批准或按国家和省、市规定必须到本单位之外接受培训的职工，与培训有关的费用由职工所在单位按规定承担。

企业职工参加社会上的学历教育以及个人为取得学位而参加的在职教育，所需费用应由个人承担，不能挤占企业的职工教育培训经费。

7.2.4 捐赠支出

公益性捐赠，是指企业通过公益性社会团体或者县级以上人民政府及其部门，用于《中华人民共和国公益事业捐赠法》规定的公益事业的捐赠。企业发生的直接捐赠支出，不能税前扣除。

1. 公益事业的范围

根据《中华人民共和国公益事业捐赠法》第三条规定：

……

（一）救助灾害、救济贫困、扶助残疾人等困难的社会群体和个人的活动；

（二）教育、科学、文化、卫生、体育事业；

（三）环境保护、社会公共设施建设；

（四）促进社会发展和进步的其他社会公共和福利事业。

2. 公益性捐赠税前扣除基本政策

财政部、税务总局和民政部三部门联合出台了《关于公益性捐赠税前扣除有关事项的公告》（财政部 税务总局 民政部公告 2020 年第 27 号）第一条规定："企业或个人通过公益性社会组织、县级以上人民政府及其部门等国家机关，用于符合法律规定的公益慈善事业捐赠支出，准予按税法规定在计算应纳税所得额时扣除。"

7.2.5 业务招待费

业务招待费，是指纳税人为生产、经营业务的合理需要而发生的交际应酬费用。

1. 一般规定

企业发生的与生产经营活动有关的业务招待费支出，按照实际发生额的60％扣除，但最高不得超过当年销售（营业收入的 5‰）。

2. 特殊规定

（1）对从事股权投资业务的企业（包括集团公司总部、创业投资企业等），其从被投资企业所分配的股息、红利，以及股权转让收入，可以按规定的比例计算业务招待费扣除限额。

（2）企业在筹建期间，发生的与筹办活动有关的业务招待费支出，可按实际发生额的60％计入企业筹办费，可以在开始经营之日的当年一次性扣除，也可以在开始经营之日的当年作为长期待摊费用不少于 3 年进行摊销。

7.2.6 保险费、住房公积金

1. 基本社会保险、住房公积金

企业依照国务院有关主管部门或者省级人民政府规定的范围和标准为职工缴纳的基本养老保险费、基本医疗保险费、失业保险费、工伤保险费、生育保险费等基本社会保险费和住房公积金，准予扣除。

2. 补充医疗、补充养老保险

自 2008 年 1 月 1 日起，企业根据国家有关政策规定，为在本企业任职或者受雇的全体员工支付的补充养老保险费、补充医疗保险费，分别在不超过职工工资总额 5% 标准内的部分，在计算应纳税所得额时准予扣除；超过的部分，不予扣除。

3. 财产保险、人身意外险

企业参加财产保险，按照规定缴纳的保险费，准予扣除。企业参加雇主责任险、公众责任险等责任保险，按照规定缴纳的保险费，准予在企业所得税税前扣除。企业职工因公出差乘坐交通工具发生的人身意外保险费支出，准予企业在计算应纳税所得额时扣除。

4. 商业保险

除企业依照国家有关规定为特殊工种职工支付的人身安全保险费和国务院财政、税务主管部门规定可以扣除的其他商业保险费外，企业为投资者或者职工支付的商业保险费，不得扣除。

7.2.7 所得税前扣除凭证

2018 年 6 月 6 日，《国家税务总局关于发布〈企业所得税税前扣除凭证管理办法〉的公告》（国家税务总局公告 2018 年第 28 号，以下简称《管理办法》），放宽了税前扣除凭证的范围，财政票据、完税凭证、收款凭证、分割单等也可以作为税前扣除凭证，但是发票仍然是最重要的税前扣除凭证。

税前扣除凭证根据取得来源可分为内部凭证和外部凭证。内部凭证是指企业自制用于成本、费用、损失和其他支出核算的会计原始凭证，其填制和使用应当符合国家会计法律、法规等相关规定。而外部凭证是企业从其他单位、个人取得的凭证，包括发票（包括纸质发票和电子发票）、财政票据、完税凭证、收款凭证、分割单等，具体内容见表 7-1。

表 7-1　税前扣除凭证

分类	支出类别	对象	税前扣除凭证
外部凭证	增值税应税项目	对方已经办理税务登记（例如采购货物、服务）	增值税专用发票、增值税普通发票
		对方为依法无须办理税务登记，或者是从事小额零星经营业务的个人	税务机关代开的发票
			收款凭证（须载明收款单位名称、个人姓名及身份证号、支出项目、收款金额等信息）
			内部凭证（与收款凭证兼有）

分类	支出类别	对象	税前扣除凭证
内部凭证	非增值税应税项目	支付给单位的（例如政府性基金、行政事业类收费、税金、"五险一金"、土地使用权出让金、工会经费、公益性捐赠支出等）	对开具发票以外的其他外部凭证，但是如果可以开具发票的，发票仍然可以作为税前扣除凭证（比如财政票据、完税凭证、相关部门收款凭证等）
		支付给个人	内部凭证
	境外发生的支出	支付给境外货物或者劳务供应商	对方开具的发票
			具有发票性质的收款凭证
			相关税费缴纳凭证
小额零星经营业务	判断标准是个人从事应税项目经营业务的销售额不超过增值税相关政策规定的起征点		

7.3　企业所得税额的计算

企业所得税是根据企业收入总额减去成本支出总额，再乘以适用税率计算得出。

7.3.1　收入总额

根据《企业所得税法》规定：

第六条　企业以货币形式和非货币形式从各种来源取得的收入，为收入总额。包括：

（一）销售货物收入；

（二）提供劳务收入；

（三）转让财产收入；

（四）股息、红利等权益性投资收益；

（五）利息收入；

（六）租金收入；

（七）特许权使用费收入；

（八）接受捐赠收入；

（九）其他收入。

其他收入，是指企业取得的除《企业所得税法》第六条第（一）项至第（八）项规定的收入外的其他收入，包括企业资产溢余收入、逾期未退包装物押金收入、确实无法偿付的应付款项、已作坏账损失处理后又收回的应收款项、债务重组收入、补贴收入、违约金收入、汇兑收益等。

根据规定，企业所得税分月或者分季预缴。企业应当自月份或者季度终了之日起 15 日内，向税务机关报送预缴企业所得税纳税申报表，预缴税款。年度终了后 5 个月内汇算清缴，多退少补。

企业所得税核算应采用资产负债表债务法，对当期应交所得税加以调整计算后，据以确认应从当期利润总额中扣除的所得税费用，通过"所得税费用"科目核算。

（1）无递延所得税的情况。

①计提。

借：所得税费用

      贷：应交税费——应交所得税

②交纳。

借：应交税费——应交所得税

      贷：银行存款

③结转入本年利润。

借：本年利润

      贷：所得税费用

（2）有递延所得税的情况。

所得税费用＝当期所得税＋递延所得税费用－递延所得税收益

7.3.2　所得税的会计处理方法

会计所得与应税所得额，由于存在永久性和时间性的差异，应采用不同的会计处理方法。

1. 当期所得税与递延所得税

采用资产负债表债务法核算时，利润表中的所得税费用是由当期所得税和递延所得税两部分组成。

（1）当期所得税是指企业按照税法规定，计算确定的针对当期发生的交易和事项，应缴纳税务部门的所得税金额，即当期应交所得税。

当期所得税（即应交所得税）＝当期应纳税所得额×所得税率

当期所得税不是利润表中的所得税费用，而是当期确认的应交所得税。企业在确定当期应交所得税时，对于当期发生的交易或事项，会计处理与税收处理不同的，应在会计利润的基础上，按照适用税收法规的规定进行调整，计算出当期应纳税所得额。

应纳税所得额的计算公式有不同的表述方法。

公式1：应纳税所得额＝每一纳税年度的收入总额－不征税收入－免税收入－各项成本扣除－允许弥补的以前年度亏损

公式2：应纳税所得额＝会计利润±纳税调整额＝会计利润±永久性差异纳税调整额±暂时性差异纳税调整额＝会计利润＋纳税调整增加项目金额－纳税调整减少项目金额

此处的所得税费用实质上指的是利润表中的所得税费用项目。

计算公式为：

当期应缴所得税（应纳税额）＝应纳税所得额×适用税率－减免税额

（2）递延所得税应予确认递延所得税资产和递延所得税负债。递延所得税资产，核算企业在未来期间可以抵减的所得税；递延所得税负债，核算企业在未来期间应缴纳的所得税。计算公式如下：

递延所得税＝（递延所得税负债的期末余额－递延所得税负债的期初余额）－（递延所得税资产的期末余额－递延所得税资产的期初余额）

（3）所得税费用。

利润表中的所得税费用＝当期所得税＋递延所得税

另外，纳税人不能提供完整的、准确的收入、成本及费用凭证，不能正确计算应纳税所得额的税务机关核定应纳税所得额。计算公式为：

应纳企业所得税税额＝税务机关核定应纳税所得额×25％

本期应缴企业所得税＝本期利润总额×25％－本年度已预缴的企业所得税额

【例7-1】恒通房地产开发有限公司适用的所得税税率为25％。2023年12月31日期初余额资料，见表7-2。

表 7-2 期初余额资料

期　　初	应纳税 暂时性差异	可抵扣 暂时性差异	递延 所得税资产	递延 所得税负债
交易性金融资产	250	—	—	62.50
预计负债	—	300	75	—

2023 年 12 月 31 日期末余额资料：交易性金融资产账面价值为 4 800 万元，计税基础为 4 400 万元；预计负债账面价值为 500 万元，计税基础为 0 万元。

除上述项目外，该企业其他资产、负债的账面价值与其计税基础不存在差异。该企业预计在未来期间能够产生足够的应纳税所得额用来抵扣可抵扣暂时性差异。2023 年税前会计利润为 5 700 万元。

递延所得税负债发生额＝（4 800－4 400）×25%－62.50＝37.50（万元）

递延所得税资产发生额＝500×25%－75＝50（万元）

应交所得税＝[5 700－（400－250）＋（500－300）]×25%
　　　　　＝1 437.50（万元）

递延所得税费用＝37.50－50＝－12.50（万元）

所得税费用＝1 437.50－12.50＝1 425（万元）

借：所得税费用　　　　　　　　　　　　　　14 250 000

　　递延所得税资产　　　　　　　　　　　　　500 000

　　贷：应交税费——应交所得税　　　　　　　　14 375 000

　　　　递延所得税资产负债　　　　　　　　　　　375 000

2. 企业所得税的计算与申报

【例 7-2】远大房地产开发有限公司为居民企业，2023 年发生经营业务如下：

(1) 取得房地产销售收入 8 950 万元。

(2) 发生房地产结转成本 5 780 万元。

(3) 发生销售费用 1 100 万元（其中广告费 573 万元）；管理费用 245 万元（其中业务招待费 120 万元）；财务费用 87 万元。

(4) 销售税金 420 元（含增值税 210 万元）。

(5) 营业外收入 214 万元，营业外支出 102 万元（含通过公益性社会团体向贫困山区捐款 34 万元，支付税收滞纳金 11.2 万元）。

(6) 某项固定资产账面价值 145 万元，计税基础为 175 万元，产生可抵扣暂时性差异 30 万元。

(7) 计入成本、费用中的实发工资总额 430 万元，拨缴职工工会经费 9.5 万元，发生职工福利费 92 万元，发生职工教育经费 8.5 万元。

根据以上业务，计算 2023 年度实际应纳的企业所得税。

①会计利润总额＝8 950＋214－5 780－1 100－245－87－（420－210）－102＝1 640（万元）

②广告费扣除限额＝8 950×15％＝1 342.50（万元）

广告费所得税前允许扣除额为 1 342.50 万元，573 万元小于 1 342.50 万元，无须调整。

③企业发生的与生产经营活动有关的业务招待费支出，按照发生额的 60％扣除，但最高不得超过当年销售（营业）收入的 0.5％。即 8 950×0.5％＝44.75（万元）

当年业务招待费发生额为 120 万元，即：

业务招待费调增所得额＝120－44.75＝75.25（万元）

④捐赠支出允许扣除限额＝1 640×12％＝196.80（万元）

196.80 万元大于捐赠支出 34 万元，故无须调整。

⑤工会经费应调增所得额＝9.5－430×2％＝0.9（万元）

⑥职工福利费应调增所得额＝92－430×14％＝31.80（万元）

⑦职工教育经费允许扣除额＝430×8％＝34.40（万元）

8.5 万元小于 34.40 万元，无须调整。

⑧支付税收滞纳金 11.20 万元不得扣除，应调回。

⑨应纳税所得额＝1 640＋75.25＋0.9＋31.80＋11.20＝1 759.15（万元）

⑩2023 年应缴企业所得税＝1 759.15×25％＝439.79（万元）

某固定资产递延所得税收益＝30×25％＝7.5（万元）

确认所得税费用＝439.79－7.5＝432.29（万元）

借：所得税费用	4 322 900
递延所得税资产	75 000
贷：应交税费——应交所得税	4 397 900

填报本季度企业所得税申报表，见表 7-3。

企业所得税按年计算，但为了保证税款及时、均衡入库，对企业所得税采取分期（按月或季）预缴、年终汇算清缴的办法。纳税人预缴所得税时，应当按纳税期限的实际数预缴，按实际数预缴有困难的，可以按上一年度应纳税所得额的 1/12 或 1/4，或者经当地税务机关认可的其他方法分期预缴所得税。预缴方法一经确定，不得随意改变。

表 7-3 中华人民共和国企业所得税月（季）度预缴纳税申报表（A类）

税款所属期间：2023 年 1 月 1 日至 2023 年 12 月 31 日

纳税人识别号（统一社会信用代码）：39502396258367574H

纳税人名称：远大房开发地产有限公司

金额单位：人民币元（列至角分）

预缴方式	☑按照实际利润额预缴	□按照上一纳税年度应纳税所得额平均额预缴	□按照税务机关确定的其他方法预缴
企业类型	☑一般企业	□跨地区经营汇总纳税企业总机构	□跨地区经营汇总纳税企业分支机构

按季度填报信息

项目	一季度 季初	一季度 季末	二季度 季初	二季度 季末	三季度 季初	三季度 季末	四季度 季初	四季度 季末	季度平均值
从业人数	—	—	—	—	—	—	—	—	—
资产总额（万元）	—	—	—	—	—	—	—	—	—
国家限制或禁止行业	□是☑否								
小型微利企业	□是☑否								

预缴税款计算

行次	项目	本年累计金额
1	营业收入	895 00 000

2	营业成本	57 800 000
3	利润总额	16 400 000
4	加：特定业务计算的应纳税所得额	—
5	减：不征税收入	—
6	减：免税收入、减计收入、所得减免等优惠金额（填写 A201010）	—
7	减：资产加速折旧、摊销（扣除）调减额（填写 A201020）	—
8	减：弥补以前年度亏损	—
9	实际利润额（3＋4－5－6－7－8）\按照上一纳税年度应纳税所得额平均额确定的应纳税所得额	17 591 500
10	税率（25%）	25%
11	应纳所得税额（9×10）（填写 A201030）	4 397 900
12	减：减免所得税额（填写 A201030）	—
13	减：实际已缴纳所得税额	—
14	减：特定业务预缴（征）所得税额	—
15	减：符合条件的小型微利企业延缓缴纳所得税（是否延缓缴纳所得税 □是 □否）	—
16	本期应补（退）所得税额（11－12－13－14－L15）\税务机关确定的本期应纳所得税额	4 397 900

汇总纳税企业总分机构税款计算			
17	总机构填报	总机构分摊本期应补（退）所得税额（17＝18＋19）	—
18		其中：总机构分摊税额（15×总机构分摊比例＿%）	—
19		财政集中分配应补（退）所得税额（15×财政集中分配比例＿%）	—
20		总机构具有主体生产经营职能的部门分摊所得税额（15×全部分支机构分摊比例＿%×总机构具有主体生产经营职能部门分摊比例＿%）	—
21	分支机构填报	分支机构本期分摊比例	—
22		分支机构本期分摊应补（退）所得税额	—

附报信息			
高新技术企业	□是□否	科技型中小企业	□是□否
技术入股递延纳税事项			

谨声明：本纳税申报表是根据国家税收法律法规及相关规定填报的，是真实的、可靠的、完整的。

经办人：××
经办人身份证号：×××××××××
代理机构签章：（略）
代理机构统一社会信用代码：×××××××

纳税人（签章）：

受理人：××
受理税务机关（章）：（略）
受理日期：×××年×××月×××日

年　月　日

7.4 企业所得税汇算清缴

根据《企业所得税汇算清缴管理办法》（国税发〔2009〕79 号）第三条规定："凡在纳税年度内从事生产、经营（包括试生产、试经营），或在纳税年度中间终止经营活动的纳税人，无论是否在减税、免税期间，也无论盈利或亏损，均应按照企业所得税法及其实施条例和本办法的有关规定进行企业所得税汇算清缴。实行核定定额征收企业所得税的纳税人，不进行汇算清缴。"

7.4.1 一般企业汇算清缴

企业自行计算本纳税年度应纳税所得额和应纳所得税额，根据月度或季度预缴企业所得税的数额，确定该纳税年度应补或者应退税额，并填写企业所得税年度纳税申报表，向主管税务机关办理企业所得税年度纳税申报、提供税务机关要求提供的有关资料、结清全年企业所得税税款的行为。

（1）核查企业收入是否全部入账，特别是往来款项是否还存在已确认为收入而没有入账。

（2）核查企业成本结转与收入是否匹配，是否真实反映企业成本水平。

（3）核查企业费用支出是否符合相关税法规定，计提费用项目和税前列支项目是否超过税法规定标准。

（4）核查企业各项税款是否提取并缴纳。

（5）用企业当年实现的利润对以前年度发生亏损的合法弥补（5 年内）。

（6）对以上项目按税法规定分别进行调增和调减后，依法计算本企业年度应纳税所得额，从而计算并缴纳本年度实际应当缴纳的所得税税额。

对所属年度的所得税费用的调整属于对所属年度财务报表信息的更正，应通过"以前年度损益调整——所得税费用"科目，进而结转记入"利润分配——未分配利润"科目，并调整计提的盈余公积等科目。

【例 7-3】恒昌建筑工程有限公司经税务机关同意，每个季度按实际利润数预缴所得税。2023 年第一季度实现利润总额 580 万元，第二季度实现利润总额为 610 万元，第三季度实现利润总额为 340 万元，第四季度实现利润总额为 430 万元。2023 年全年应纳税所得额为 2 500 万元。计算 2023 年各季度应预缴和年终汇算清缴的企业所得税税额。

第一季度预缴所得税＝580×25％＝145（万元）

第二季度预缴所得税＝610×25％＝152.50（万元）

第三季度预缴所得税＝340×25％＝85（万元）

第四季度预缴所得税＝430×25％＝107.50（万元）

四个季度共预缴490万元。

汇算应补（退）所得税税额＝全年应纳所得税税额－各月（季）预缴所得税税额合计

应补缴所得税＝2 500×25％－490＝135（万元）

7.4.2 跨地区企业所得税汇算清缴

跨地区经营汇总纳税是指居民企业在中国境内跨省、自治区、直辖市和计划单列市，设立不具有法人资格分支机构，实行"统一计算、分级管理、就地预缴、汇总清算、财政调库"的企业所得税征收管理办法。根据《国家税务总局关于印发〈跨地区经营汇总纳税企业所得税征收管理办法〉的公告》（国家税务总局2012年第57号）（以下简称国家税务总局2012年第57号）规定：

第十三条 总机构按以下公式计算分摊税款：

总机构分摊税款＝汇总纳税企业当期应纳所得税额×50％

第十四条 分支机构按以下公式计算分摊税款：

所有分支机构分摊税款总额＝汇总纳税企业当期应纳所得税额×50％

某分支机构分摊税款＝所有分支机构分摊税款总额×该分支机构分摊比例

第十五条 总机构应按照上年度分支机构的营业收入、职工薪酬和资产总额三个因素计算各分支机构分摊所得税款的比例；三级及以下分支机构，其营业收入、职工薪酬和资产总额统一计入二级分支机构；三因素的权重依次为0.35、0.35、0.30。

计算公式如下：

某分支机构分摊比例＝（该分支机构营业收入/各分支机构营业收入之和）×0.35＋（该分支机构职工薪酬/各分支机构职工薪酬之和）×0.35＋（该分支机构资产总额/各分支机构资产总额之和）×0.30

......

【例 7-4】 甲建筑集团公司机构所在地为深圳，适用 25% 企业所得税，下属 A、B、C 三个子公司。A 公司位于长沙，适用 25% 企业所得税；B 公司位于福州，适用 25% 企业所得税；C 公司位于天津，适用 25% 企业所得税。2023 年，甲建筑集团公司汇总应纳税所得额 3 000 万元，总机构分摊 1 500 万元，三个分公司共分摊 1 500 万元。经测算，A、B、C 三家子公司企业所得税分摊比例分别是 0.25、0.4、0.35。

根据上述资料，计算各公司应分摊的企业所得税额。

（1）总机构分摊税额。

总机构应纳税额＝总机构分摊应纳税所得额×总机构适用税率

甲建筑集团公司＝3 000×50%×25%＝375（万元）

（2）分支机构按分摊比例分摊税额。

各分支机构应纳税额＝分支机构分摊应纳税所得额合计数×各分支机构分摊比例×适用税率

A 公司应纳税额＝1 500×0.25×25%＝93.75（万元）

B 公司应纳税额＝1 500×0.4×25%＝150（万元）

C 公司应纳税额＝1 500×0.35×25%＝131.25（万元）

（3）计算总应纳税额。

总分机构总应纳税额＝总机构应纳税额＋各分支机构应纳税额合计
　　　　　　　　＝375＋93.75＋150＋131.25＝750（万元）

填报企业所得税汇总纳税分支机构分配表，见表 7-4。

表 7-4　企业所得税汇总纳税分支机构所得税分配表

单位：元

应纳所得税额		总机构分摊所得税额	总机构财政集中分配所得税额			分支机构分摊所得税额	
30 000 000		3 750 000	—			3 750 000	
分支机构情况	分支机构统一社会信用代码（纳税人识别号）	分支机构名称	三项因素			分配比例	分配所得税额
			营业收入	职工薪酬	资产总额		
	325293428	A 公司	1 500	—	—	0.25	937 500
	742036270	B 公司	1 500	—	—	0.4	1 500 000

分支机构情况	分支机构统一社会信用代码（纳税人识别号）	分支机构名称	三项因素			分配比例	分配所得税额
			营业收入	职工薪酬	资产总额		
	746924262	C公司	1 500	—	—	0.35	1 312 500
	合计		—	—	—	—	7 500 000

7.5 个人所得税预收与汇算清缴

根据《中华人民共和国个人所得税法》第一条规定：

第一条　在中国境内有住所，或者无住所而一个纳税年度内在中国境内居住累计满一百八十三天的个人，为居民个人。居民个人从中国境内和境外取得的所得，依照本法规定缴纳个人所得税。

在中国境内无住所又不居住，或者无住所而一个纳税年度内在中国境内居住累计不满一百八十三天的个人，为非居民个人。非居民个人从中国境内取得的所得，依照本法规定缴纳个人所得税。

纳税年度，自公历一月一日起至十二月三十一日止。

7.5.1　法律规定

1. 征税范围

根据《中华人民共和国个人所得税法》第二条规定：

第二条　下列各项个人所得，应当缴纳个人所得税：

（一）工资、薪金所得；

（二）劳务报酬所得；

（三）稿酬所得；

（四）特许权使用费所得；

（五）经营所得；

（六）利息、股息、红利所得；

（七）财产租赁所得；

（八）财产转让所得；

（九）偶然所得。

居民个人取得前款第一项至第四项所得（以下称综合所得），按纳税年度合并计算个人所得税；非居民个人取得前款第一项至第四项所得，按月或者按次分项计算个人所得税。纳税人取得前款第五项至第九项所得，依照本法规定分别计算个人所得税。

2. 应纳税所得额的计算

（1）居民个人的综合所得，以每一纳税年度的收入额减除费用 6 万元以及专项扣除、专项附加扣除和依法确定的其他扣除后的余额，为应纳税所得额。

（2）非居民个人的工资、薪金所得，以每月收入额减除费用 5 000 元后的余额为应纳税所得额；劳务报酬所得、稿酬所得、特许权使用费所得，以每次收入额为应纳税所得额。

（3）经营所得，以每一纳税年度的收入总额减除成本、费用以及损失后的余额，为应纳税所得额。

（4）财产租赁所得，每次收入不超过 4 000 元的，减除费用 800 元；4 000 元以上的，减除 20％的费用，其余额为应纳税所得额。

（5）财产转让所得，以转让财产的收入额减除财产原值和合理费用后的余额，为应纳税所得额。

（6）利息、股息、红利所得和偶然所得，以每次收入额为应纳税所得额。

劳务报酬所得、稿酬所得、特许权使用费所得以收入减除 20％的费用后的余额为收入额。稿酬所得的收入额减按 70％计算。

个人将其所得对教育、扶贫、济困等公益慈善事业进行捐赠，捐赠额未超过纳税人申报的应纳税所得额 30% 的部分，可以从其应纳税所得额中扣除；国务院规定对公益慈善事业捐赠实行全额税前扣除的，从其规定。

7.5.2 税前扣除项目

个人所得税扣除项目分为两类：一类是基本扣除项目；另一类是专项扣除项目。

1. 基本扣除项目

基本扣除项目具体如下：

（1）按照规定，单位为个人缴付和个人缴付的基本养老保险费、基本医疗保险费、失业保险费、住房公积金，从纳税义务人的应纳税所得额中扣除。

未超过国家或省（自治区、直辖市）人民政府规定的缴费比例或办法的，免征个人所得税。

（2）企事业单位和个人超过规定的比例和标准缴付的基本养老保险费、基本医疗保险费和失业保险费，应将超过部分并入个人当期的工资、薪金收入，计征个人所得税。

（3）企业为员工交纳的社会保险没有超过国家或省（自治区、直辖市）人民政府规定的缴费比例或办法的，免征个人所得税；超过的部分应并入个人当期的工资、薪金收入，计征个人所得税。

因此，企业为员工交纳的社会保险费超过了按其本人上一年度月平均工资的 300% 计算的社会保险费部分，应并入个人当期的工资、薪金收入，计征个人所得税。

（4）企业为员工缴纳的所有商业保险是不免个人所得税的。企业为职工支付的补充养老保险费在不超过职工工资总额 5% 的部分可以在计算应纳税所得额时扣除，超过部分则不予扣除。此外，企业为部分员工支付的补充养老保险费应以全体职工的合理年均工资乘以参保人数之积作为税前扣除的基数。

但是，对于商业保险中的企业年金，可以迟延到退休领取时再缴纳个人所得税。

2. 专项附加扣除项目

专项附加扣除项目见表 7-5。

表 7-5　专项附加扣除项目

项　目	扣除的条件		扣除标准	扣除方式
子女教育	子女接受全日制学历教育	义务教育（小学、初中）	2 000 元/月（每个子女）	父母各扣 50%指定一方扣 100%
		高中（普通高中、中等职业、技工教育）		
		高等教育（大专、本科、硕士、博士）		
	子女接受学前教育	年满 3 岁至小学前	2 000 元/月（每个子女）	父母各按 50%扣除或指定一方 100%扣除
继续教育	在中国境内接受学历（学位）继续教育		400 元/月	本科以下的，本人/父母扣
	接受技能人员职业资格继续教育、专业技术人员职业资格继续教育，并取得相关证书		3 600 元/年	本人扣
大病医疗	一个纳税年度内，与基本医保相关的医药费用支出，扣除医保报销后个人负担累计超过 1 500 元的部分		据实扣除，限额 80 000 元	本人/配偶扣；未成年子女费用，可由父母一方扣
住房贷款利息	购买中国境内住房，享受"首套住房贷款利率"的住房贷款利息		1 000 元/月	本人扣，夫妻可选择一方扣
住房租金	在主要工作城市没有自有住房	直辖市、省会（首府）城市、计划单列市及国务院确定的其他城市	1 500 元/月	承租人扣。夫妻双方同城的，只能一方扣
		市辖区户籍人口超过 100 万的	1 100 元/月	
		市辖区户籍人口不超过 100 万的	800 元/月	
赡养老人	赡养一位及以上被赡养人（年满 60 岁的父母，子女均已过世的年满 60 岁的祖父母、外祖父母）	独生子女	3 000 元/月	本人扣
		非独生子女	3 000 元/月	均摊/约定分摊/指定分摊

项　目	扣除的条件	扣除标准	扣除方式
婴幼儿照护	从婴幼儿出生的当月至满3周岁的前一个月	3岁以下婴幼儿相关支出	2 000元/月（每个子女）	父母各扣50%或指定一方扣100%

3. 税率以及计算方法

工资、薪金所得七级超额累计税率，见表7-6。

表7-6　工资、薪金所得个人所得税税率表

级　数	月应纳税所得额	税率（%）	速算扣除数（元）
1	不超过3 000元部分	3	0
2	超过3 000～12 000元	10	210
3	超过12 000～25 000元	20	1 410
4	超过25 000～35 000元	25	2 660
5	超过35 000～55 000元	30	4 410
6	超过55 000～80 000元	35	7 160
7	超过80 000元部分	45	15 160

（1）一般计算方法。

根据规定，居民个人的综合所得，以每一纳税年度的收入额减除费用60 000元以及基本扣除项目、专项附加扣除和依法确定的其他扣除后的余额，为应纳税所得额。计算公式如下：

应纳税所得额＝月收入－5000元（起征点）－基本扣除项目－专项附加扣除项目－依法确定的其他扣除

【例7-5】职工张研在深圳一家软件公司工作，本月税前收入14 000元，社保与住房公积金为3 400元；住房贷款7 800元，按规定可税前扣除1 000元；张研为非独生子女，父母均已退休，赡养老人可扣除1 000元。计算本月张研本月应交个人所得税。

应纳税所得额＝（14 000－3 400－1 000－1 000－5 000）×10%－210
　　　　　　＝150（元）

（2）预缴个人所得税计算公式。

《国家税务总局关于完善调整部分纳税人个人所得税预扣预缴方法的公告》（国家税务总局公告 2020 年第 13 号）明确减轻当年新入职人员个人所得税预扣预缴阶段的税收负担，完善调整年度中间首次取得工资、薪金所得等人员有关个人所得税预扣预缴方法。计算公式如下：

本期应预扣预缴税额＝（累计收入额－累计减除费用）×预扣率－速算扣除数－累计减免税额－累计已预扣预缴税额

其中，累计减除费用按照 5 000 元/月乘以纳税人在本单位开始实习月份起至本月的实习月份数计算。

例如，大学生欧佳明 2023 年 7 月毕业后进入某公司工作，公司发放 7 月工资、计算当期应预扣预缴的个人所得税时，可减除费用 5 000 元。欧佳明 7 月取得工资 4 400 元，扣缴单位在为其预扣预缴工资、薪金所得个人所得税时，可采取累计预扣法预扣预缴税款。欧佳明 7 月份工资 4 400 元扣除 5 000 元减除费用后是负数，则无须预缴税款。

《关于延续实施全年一次性奖金个人所得税政策的公告》（财政部 税务总局公告 2023 年第 30 号）对全年一次性奖金的税费征收作出如下规定：

一、居民个人取得全年一次性奖金，符合《国家税务总局关于调整个人取得全年一次性奖金等计算征收个人所得税方法问题的通知》（国税发〔2005〕9 号）规定的，不并入当年综合所得，以全年一次性奖金收入除以 12 个月得到的数额，按照本公告所附按月换算后的综合所得税率表，确定适用税率和速算扣除数，单独计算纳税。计算公式为：

应纳税额＝全年一次性奖金收入×适用税率－速算扣除数

二、居民个人取得全年一次性奖金，也可以选择并入当年综合所得计算纳税。

三、本公告执行至 2027 年 12 月 31 日。

《关于延续实施外籍个人有关津补贴个人所得税政策的公告》（财政部 税务总局公告 2023 年第 29 号）对外籍人津贴的税费作出如下规定：

一、外籍个人符合居民个人条件的，可以选择享受个人所得税专项附加扣除，也可以选择按照《财政部 国家税务总局关于个人所得税若干政策问题的通知》（财税字〔1994〕020 号）、《国家税务总局关于外籍个人取得有关补贴征免个人所得税执行问题的通知》（国税发〔1997〕54 号）和《财政部 国家税务总局关于外籍个人取得港澳地区住房等补贴征免个人所得税的通知》（财税〔2004〕29 号）规定，享受住房补贴、语言训练费、子女教育费等津补贴免税优惠政策，但不得同时享受。外籍个人一经选择，在一个纳税年度内不得变更。

二、本公告执行至 2027 年 12 月 31 日。

《关于进一步支持小微企业和个体工商户发展有关税费政策的公告》（财政部 税务总局公告 2023 年第 12 号）对小微企业和个体工商户个人所得税作出如下规定：

一、自 2023 年 1 月 1 日至 2027 年 12 月 31 日，对个体工商户年应纳税所得额不超过 200 万元的部分，减半征收个人所得税。个体工商户在享受现行其他个人所得税优惠政策的基础上，可叠加享受本条优惠政策。

7.5.3　年度汇算清缴

《中华人民共和国个人所得税法》颁布后，取得收入的居民个人应于第二年 3 月至 6 月办理汇算清缴。

符合下列情形之一的，纳税人须办理汇算：

（1）已预缴税额大于汇算应纳税额且申请退税的；

（2）2023 年取得的综合所得收入超过 12 万元且汇算需要补税金额超过 400 元的。

依据税法规定，年度终了后，居民个人（以下称"纳税人"）需要汇总上一年取得的工资薪金、劳务报酬、稿酬、特许权使用费等四项所得（以下称"综合所得"）的收入额，减除费用 60 000 元以及专项扣除、专项附加扣除，依法确定的其他扣除和符合条件的公益慈善事业捐赠后，计算本年度最终应纳税额，再减去上一年度已预缴税额，得出本年度应退或应补税额，向税务机关申报并办理退税或补税。具体计算公式如下：

上一年度汇算应退或应补税额＝〔（综合所得收入额－60 000 元－"社保与个人所得税"等专项扣除－子女教育等专项附加扣除－依法确定的其他扣除－捐赠）×适用税率－速算扣除数〕－上一年已预缴税额

（3）没有任职受雇单位，仅取得劳务报酬、稿酬、特许权使用费所得，需要通过年度汇算办理各种税前扣除的；

（4）纳税人取得劳务报酬、稿酬、特许权使用费所得，年度中间适用的预扣率高于全年综合所得年适用税率的；

例如，张琳是自由职业者，专职从事写作。全年取得稿酬收入 60 000 元，假定出版社代扣代缴稿酬个人所得税 8 400 元。第二年汇算清缴时，减除 60 000 元费用（不考虑其他扣除）后，无须缴纳税费。因此，可申请退税 8 400 元。

（5）预缴税款时，未申报享受或者未足额享受综合所得税收优惠的，如残疾人减征个人所得税优惠等；

（6）有符合条件的公益慈善事业捐赠支出，但预缴税款时未办理扣除的。

纳税人在上一年度已依法预缴个人所得税且符合下列情形之一的，无须办理汇算：

（1）汇算需补税但综合所得收入全年不超过 12 万元的；

（2）汇算需补税金额不超过 400 元的；

（3）已预缴税额与汇算应纳税额一致的；

（4）符合汇算退税条件但不申请退税的。

7.5.4　汇算清缴申报方式

纳税人可优先通过网上税务局（包括手机个人所得税 App）办理年度汇算，税务机关将按规定为纳税人提供申报表预填服务；不方便通过上述方式办理的，也可以通过邮寄方式或到办税服务厅办理。

（1）手机申报。

在手机应用宝中下载个人所得税 App，下载完成后打开 App，单击个人中心，先注册后登录。进入首页，直接点击常用业务下面的"综合所得年度汇算"。系统自动识别"简易申报"或者"标准申报"。

①简易申报：查看并点击简易申报须知，核实相关数据。

②标准申报：点击"使用已申报数据填写"，查看并点击标准申报须知，点击"下一步"，逐项核实"工资薪金、劳务报酬、稿酬和特许权使用费"四项所得相关数据。

一般来说，需要补税与退税的情形不多。如果有以上情形，系统有两个选项，申请退税或补税，纳税人按照提示办理即可。

（2）其他申报方式。

纳税人也可以委托代扣代缴单位办理退税。

第8章
土地增值税征收与清算

土地增值税是以土地增值额为课税标准而征收的税种。

8.1　土地增值税征收

土地增值税一般要素包括纳税义务人、征税范围、税率、计税依据、计算方法等。

8.1.1　一般要素

1. 纳税义务人

转让国有土地使用权、地上的建筑及其附着物并取得收入的单位和个人。

2. 征税范围

根据《中华人民共和国土地管理法》规定，土地增值税基本征税范围见表 8-1。

表 8-1 征税范围

序号	项　目	规　定
1	转让国有土地使用权	凡转让国有土地使用权，地上建筑物及其附着物并取得收入的行为都应缴纳土地增值税
2	出售房地产	①转让国有土地使用权；②取得国有土地使用权进行房地产开发并销售；③存量房地产转让
3	出租房地产	"以租代售"、无限期出租房地产
4	房地产抵押	抵押期满不能偿还债务，以房地产抵债
5	房地产交换	单位之间、单位与个人之间换房
6	以房地产投资、联营	直接投资到房地产开发企业或者房地产开发企业以其开发的商品房投资联营
7	合作建房	建成后转让

不征或免征土地增值税的情形，见表 8-2。

表 8-2 不征或免征土地增值税的情形

序号	项　目	不征税情形
1	房地产继承、赠予	继承房地产不属于征税范围；特定赠予不属于征税范围（公益性、直系亲属或直接赡养义务人）
2	房地产出租	不属于征税范围
3	房地产抵押	抵押期不属于征税范围
4	房地产交换	个人互换自有居住用房地产，经税务核实，可免征
5	合作建房	建成后按比例分房自用，暂免征税
6	代建房	不属于征税范围
7	房地产重新评估	不属于征税范围（实际转让时产生增值要征税）

3. 税率

土地增值税率，见表 8-3。

表 8-3 四级超率累进税率

级数	增值额与扣除项目金额的比率	税率	速算扣除系数
1	不超过 50% 的部分	30%	0

级数	增值额与扣除项目金额的比率	税率	速算扣除系数
2	超过50%至100%的部分	40%	5%
3	超过100%至200%的部分	50%	15%
4	超过200%的部分	60%	35%

4. 计税依据

土地增值税的计税依据是转让房地产所取得的增值额。土地增值额为纳税人转让房地产所取得的收入（包括货币收入、实物收入和其他收入）减除规定扣除项目金额后的余额。

土地增值额＝出售房地产取得的收入－扣除项目的金额

8.1.2 土地增值税扣除项目

根据政策规定，土地增值税的扣除项目金额，见表8-4。

表8-4 允许扣除的项目

序号	项　目	具体内容
1	取得土地使用权所支付的金额	①支付土地使用权出让金； ②含登记过户费及契税（契税不因土地使用权出让金的减免而减免）
2	房地产开发成本	①土地征用及拆迁补偿费； ②前期工程费； ③建筑安装工程费； ④基础设施费； ⑤公共配套设施费； ⑥开发间接费用（包括精装修费用）； ⑦质量保证金如记入发票中，则可以扣除
3	房地产开发费用	（1）不能按项目计算分摊利息，或不能提供贷款证明的： 开发费用＝（地价款及费用＋开发成本）×10%（以内） （注：全部采用自有资金，没有利息支出的，按此方法扣除） （2）能按项目计算分摊利息，并能提供贷款证明的： 开发费用＝利息＋（地价款及费用＋开发成本）×5%（以内） （注：①不能超过按商业银行同类同期银行贷款利率计算的金额；②不包括超过规定上浮幅度的部分、超期利息、加罚利息；③计入开发成本的利息，在清算时应调整至财务费用中计算扣除）

序号	项 目	具 体 内 容
4	与转让房地产有关的税金	城市维护建设税、教育费附加、地方教育附加、印花税等
5	其他扣除项目	仅适用于新建房：（只卖地、卖存量房不能扣） 加计扣除费用＝（取得土地使用权支付的金额＋房地产开发成本）×20％

（1）纳税人为取得土地使用权支付的地价款包括：

①出让方式取得的地价款为支付的土地使用权出让金；

②以行政划拨方式取得的地价款为按规定补缴的土地使用权出让金；

③以转让方式取得的地价款为向原土地使用权人实际支付的地价款。

（2）纳税人在取得土地使用权时国家统一规定交纳的有关税费，如登记、过户手续费和契税。

（3）房地产开发成本是纳税人房地产开发项目实际发生的成本，包括：

①土地征用及拆迁补偿费，包括土地征用费、耕地占用税、劳动力安置费及有关地上、地下附着物拆迁补偿的净支出，安置动迁用房支出等。

②前期工程费，包括规划、设计、项目可行性研究和水文、地质、勘察、测绘、"三通一平"等支出。

③建筑安装工程费，是指以出包方式支付给承包单位的建筑安装工程费，以自营方式发生的建筑安装工程费。

④基础设施费，包括开发小区内道路、供水、供电、供气、排污、排洪、通信、照明、环卫、绿化等工程发生的支出。

⑤公共配套设施费，包括不能有偿转让的开发小区内公共配套设施发生的支出。

⑥开发间接费用，是指直接组织、管理开发项目发生的费用，包括工资、职工福利费、折旧费、修理费、办公费、水电费、劳动保护费、周转房摊销等。

（4）房地产开发费用包括：①销售费用；②管理费用；③财务费用。

开发费用在从转让收入中减除时，不是按实际发生额，而是按标准扣除，标准的选择取决于财务费用中的利息支出。

（5）纳税人能够按转让房地产项目计算分摊利息支出，并能提供金融机构的贷款证明的。

①利息支出据实扣除，但最高不能超过按商业银行同类同期贷款利率计算的金额；

②其他开发费用按地价款和房地产开发成本计算的金额之和的5％以内计算扣除，公式如下：

房地产开发费用＝利息＋（取得土地使用权所支付的金额＋房地产开发成本）×5％（以内）

（6）纳税人不能按转让房地产项目计算分摊利息支出，或不能提供金融机构贷款证明的，房地产开发费用按土地价款和房地产开发成本金额之和的10％以内计算扣除。

计算公式如下：

房地产开发费用＝（取得土地使用权所支付的金额＋房地产开发成本）×10％（以内）

房地产开发企业开发建造的与清算项目配套的居委会和派出所用房、会所、停车场（库）、物业管理场所、变电站、热力站、水厂、文体场馆、学校、幼儿园、托儿所、医院、邮电通信等公共设施，按以下原则处理：

（1）建成后产权属于全体业主所有的，其成本、费用可以扣除；

（2）建成后无偿移交给政府、公用事业单位用于非营利性社会公共事业的，其成本、费用可以扣除；

（3）建成后有偿转让的，应计算收入，并准予扣除成本、费用。

房地产开发企业销售已装修的房屋，其装修费用可以计入房地产开发成本。

房地产开发企业的预提费用，除另有规定外，不得扣除。

属于多个房地产项目共同的成本费用，应按清算项目可售建筑面积占多个项目可售总建筑面积的比例或其他合理的方法，计算确定清算项目的扣除金额。

扣除取得土地使用权所支付的金额、房地产开发成本、费用及与转让房地产有关税金，须提供合法有效凭证；不能提供合法有效凭证的，不予扣除。

8.1.3 土地增值税核定征收

查账征收是土地增值税的主要征收方式。不能查账征收而采用核定征收的，应严格依照税收法律法规规定的条件，按以下方法和顺序依次进行核定。

1. 核定收入

纳税人存在转让房地产成交价格明显偏低且无正当理由，或者申报不实等情形的，税务机关参照房地产评估价格核定转让房地产的收入。

2. 核定扣除项目

（1）新建房地产开发项目办理土地增值税清算所附送的前期工程费、建筑安装工程费、基础设施费、开发间接费用的凭证、资料不符合清算要求或者不实的，主管税务机关可参照当地建设工程造价定额资料或参考指标，也可根据具有相应评估资质的房地产评估机构出具的评估报告，结合房屋结构、用途、区位等因素，分项或整体核定上述四项成本的单位面积金额，并据以计算扣除。

（2）转让旧房及建筑物，不能提供评估价格及购房发票，但能提供取得房产时的司法判决文书、房管部门备案价格，或通过查询上手契税或发票信息等方式，能查实原取得成本的，可按原取得成本，从取得年度起至转让年度止每年加计5％核定计算扣除。纳税人取得房产时缴纳的契税，能提供契税完税凭证的，准予作为"与转让房地产有关的税金"予以扣除，但不得作为加计5％的基数。

（3）转让房地产，取得土地使用权所支付的金额不符合据实扣除条件的，按土地取得时当地同级别土地基准地价核定计算扣除。

8.2 土地增值税清算

土地增值税清算，是指纳税人在符合土地增值税清算条件后，依照税收法律、法规及土地增值税有关政策规定，计算房地产开发项目应缴纳的土地增值税税额，并填写土地增值税清算申报表，向主管税务机关提供有关资料，办理土地增值税清算手续，结清该房地产项目应缴纳土地增值税税款的行为。

8.2.1 清算条件

符合下列情形之一的，纳税人应进行土地增值税的清算：

（1）房地产开发项目全部竣工、完成销售的；

（2）整体转让未竣工决算房地产开发项目的；

（3）直接转让土地使用权的。

符合下列情形之一的，主管税务机关可要求纳税人进行土地增值税清算：

（1）已竣工验收的房地产开发项目，已转让的房地产建筑面积占整个项目可售建筑面积的比例在85%以上，或该比例虽未超过85%，但剩余的可售建筑面积已经出租或自用的；

（2）取得销售（预售）许可证满3年仍未销售完毕的；

（3）纳税人申请注销税务登记但未办理土地增值税清算手续的；

（4）省（自治区、直辖市、计划单列市）税务机关规定的其他情况。

8.2.2 扣除项目

审核扣除项目是否符合下列要求：

（1）在土地增值税清算中，计算扣除项目金额时，其实际发生的支出应当取得但未取得合法凭据的不得扣除；

（2）扣除项目金额中所归集的各项成本和费用，必须是实际发生的；

（3）扣除项目金额应当准确地在各扣除项目中分别归集，不得混淆；

（4）扣除项目金额中所归集的各项成本和费用必须是在清算项目开发中直接发生的或应当分摊的；

（5）纳税人分期开发项目或者同时开发多个项目的，或者同一项目中建造不同类型房地产的，应按照受益对象，采用合理的分配方法，分摊共同的成本费用；

（6）对同一类事项，应当采取相同的会计政策或处理方法。会计核算与税务处理规定不一致的，以税务处理规定为准。

土地增值税清算时间纳税人应当在满足条件之日起 90 日内到主管税务机关办理清算手续。土地增值税的计税依据是纳税人转让房地产取得的增值额。转让房地产的增值额是纳税人转让房地产的收入减除税法规定的扣除项目金额后的余额。

【例 8-1】绿洲房地产开发公司出售天雅写字楼，收入总额为 22 500 万元。开发该写字楼有关支出为：支付土地价款及各种费用 5 045 万元，其中土地价款 5 000 万元；房地产开发成本 6 790 万元；财务费用中的利息支出为 420 万元（可按转让项目计算分摊并提供金融机构证明），但其中有 139 万元属于加罚的利息；转让环节缴纳的有关税费共计为 570 万元；该单位所在地政府规定的其他房地产开发费用计算扣除比例为 5%，已缴土地增值税额 1 290 万元。

根据上述资料，计算该公司应交土地增值税额。

（1）取得土地使用权支付的土地价款及有关费用为 5 045 万元。

（2）房地产开发成本为 6 790 万元。

（3）房地产开发费用 = 420 - 139 + （5 045 + 6 790）× 5% = 872.75（万元）

（4）允许扣除的税费为 570 万元。

（5）从事房地产开发的纳税人加计扣除 20%。

加计扣除额 = （5 045 + 6 790）× 20% = 2 367（万元）

（6）允许扣除的项目金额合计 = 5 045 + 6 790 + 872.75 + 570 + 2 367 = 15 644.75（万元）

（7）土地增值税计税收入 = 22 500 - （22 500 - 5 000）÷（1 + 9%）× 9% = 21 055.05（万元）

（8）增值额 = 21 055.05 - 15 644.75 = 5 410.3（万元）

（9）增值率 = 5 410.3 ÷ 15 644.75 × 100% = 34.58%

（10）应纳税额 = 5 410.3 × 30% - 1 290 = 333.09（万元）

土地增值税清算范本，见表 8-5。

表 8-5 土地增值税纳税申报表（二）

（从事房地产开发的纳税人清算适用）

税款所属时间：2022年1月1日至2024年1月1日　　填表日期：2024年1月5日　　金额单位：元至角分　　面积单位：平方米

纳税人识别号　×××××××××××××××××

纳税人名称	绿洲房地产开发公司	项目名称	天雅写字楼	项目编号	××	项目地址	××
所属行业	房地产	登记注册类型	房地产	纳税人地址	××	邮政编码	××
开户银行	××	银行账号	××	主管部门		电话	××

总可售面积	—	其中：普通住宅已售面积	—	自用和出租面积	—
已售面积	—	其中：非普通住宅已售面积	—	其中：其他类型房地产已售面积	—

项　目	行次	金　额			
		普通住宅	非普通住宅	其他类型房地产	合计
一、转让房地产收入总额 1=2+3+4	1	210 550 500	—	—	210 550 500
货币收入	2	210 550 500	—	—	210 550 500
其中 实物收入及其他收入	3	—	—	—	—
视同销售收入	4	—	—	—	—
二、扣除项目金额合计 5=6+7+14+17+21+22	5	156 447 500	—	—	156 447 500
1.取得土地使用权所支付的金额	6	50 450 000	—	—	50 450 000
2.房地产开发成本 7=8+9+10+11+12+13	7	67 900 000	—	—	67 900 000

项目	序号						
其中 土地征用及拆迁补偿费	8	—	—	—	—	—	—
前期工程费	9	—	—	—	—	—	—
建筑安装工程费	10	—	—	—	—	—	—
基础设施费	11	—	—	—	—	—	—
公共配套设施费	12	—	—	—	—	—	—
开发间接费用	13	—	—	—	—	—	—
3. 房地产开发费用 14＝15＋16	14	87 27 500	—	—	87 27 500	—	—
利息支出	15	2 810 000	—	—	2 810 000	—	—
其中 其他房地产开发费用	16	5 917 500	—	—	5 917 500	—	—
4. 与转让房地产有关的税金等 17＝18＋19＋20	17	5 700 000	—	—	5 700 000	—	—
营业税	18	—	—	—	—	—	—
其中 城市维护建设税	19	—	—	—	—	—	—
教育费附加	20	—	—	—	—	—	—
5. 财政部规定的其他扣除项目加计扣除 20%	21	23 670 000	—	—	—	—	—
6. 代收费用	22	—	—	—	—	—	—
三、增值额 23＝1-5	23	54 103 000	—	—	54 103 000	—	—
四、增值额与扣除项目金额之比（%） 24＝23÷5	24	34.58%	—	—	—	—	—
五、适用税率（%）	25	30%	—	—	—	—	—
六、速算扣除系数（%）	26	0	—	—	—	—	—

项目	序号			
七、应缴土地增值税额 27＝23×25－5×26	27	16 230 900	—	—	16 230 900
八、减免税额 28＝30＋32＋34	28	—	—	—	—
其中 减免税(1) 减免性质代码(1)	29	—	—	—	—
减免税额(1)	30	—	—	—	—
减免税(2) 减免性质代码(2)	31	—	—	—	—
减免税额(2)	32	—	—	—	—
减免税(3) 减免性质代码(3)	33	—	—	—	—
减免税额(3)	34	—	—	—	—
九、已缴土地增值税额	35	12 900 000	—	—	12 900 000
十、应补(退)土地增值税额 36＝27－28－35	36	330 900	—	—	330 900

以下由纳税人填写：

纳税人声明	此纳税申报表是根据《中华人民共和国土地增值税暂行条例》及其实施细则和国家有关税收规定填报的，是真实的、可靠的、完整的。		
纳税人签章	—	代理人签章	—	代理人身份证号	—

以下由税务机关填写：

受理人	××	受理日期	×××年××月××日	受理税务机关签章	—

本表一式两份，一份纳税人留存，一份税务机关留存。

第 9 章
财务报表的编制

财务报表是对企业财务状况、经营成果和现金流量的结构性表述。一套完整的财务报表至少应当包括"四表一注"：①资产负债表；②利润表；③现金流量表；④所有者权益（或股东权益）变动表；⑤附注。

9.1 财务报表编制方法与案例

对经营者来说，企业运营的最终目标就是盈利，编制会计报表可以直接反映企业一段时间的经营成果，根据盈亏及时调整经营策略；对税务部门来说，可通过财务报表知悉企业的盈利状况，并根据相关数据完成税收；对债务人来说，通过财务报表核实企业偿债能力；对股东来说，看企业的成长能力和发展前景。为了满足国家对企业实行间接调控的信息需要，会计报表可为财政、税务、审计、企业上级主管机关等部门提供干预或管制所依据的信息，有利于政府管理部门对企业进行管理，借以引导企业的发展。

9.1.1　资产负债表编制方法

资产负债表是企业在某一特定时日（通常为各会计期末）财务状况（即资产、负债和所有者权益的状况）的主要会计报表。一般以一个月最后一天的日期为节点。

资产负债表的各项目均需填列"期末余额"和"上年年末余额"两栏。

资产负债表"上年年末余额"栏内各项数字，应根据上年年末资产负债表的"期末余额"栏内所列数字填列。如果上年度资产负债表规定的各个项目的名称和内容与本年度不一致，应对上年年末资产负债表各项目的名称和数字按照本年度的规定进行调整，填入本表"上年年末余额"栏内。

资产负债表的"期末余额"栏内各项数字，其填列方法如下：

1. 资产项目的填列说明

资产项目的填列说明，见表 9-1。

表 9-1　资产项目的填列说明

项　　目	填列说明
货币资金	本项目应根据"库存现金""银行存款""其他货币资金"科目期末余额的合计数填列
交易性金融资产	本项目应当根据"交易性金融资产"科目的相关明细科目的期末余额分析填列
应收票据	本项目应根据"应收票据"科目的期末余额，减去"坏账准备"科目中有关坏账准备期末余额后的金额分析填列
应收账款	本项目应根据"应收账款"期末余额，减去"坏账准备"科目中有关坏账准备期末余额后的金额分析填列
预付款项	本项目应根据"预付账款"和"应付账款"科目所属各明细科目的期末借方余额合计数，减去"坏账准备"科目中有关预付款项计提的坏账准备期末余额后的净额填列。如"预付账款"科目所属各明细科目期末有贷方余额的，应在资产负债表"应付账款"项目内填列
合同资产	本项目根据"合同资产"科目的相关明细科目的期末余额分析填列，同一合同下的合同资产和合同负债应当以净额列示，其中净额为借方余额的，应当根据其流动性在"合同资产"或"其他非流动资产"项目中填列，已计提减值准备的，还应减去"合同资产减值准备"科目中相关的期末余额后的金额填列

项　目	填列说明
其他应收款	本项目应根据"应收利息""应收股利",以及"其他应收款"科目的期末余额,减去"坏账准备"科目中相关坏账准备期末余额后的金额填列
其他流动资产	是指除货币资金、短期投资、应收票据、应收账款、其他应收款、存货等流动资产以外的流动资产。 合同取得成本,初始确认时摊销期限不超过一年或一个正常营业周期的,在资产负债表中计入"其他流动资产"项目
存货	本项目应根据"材料采购""原材料""低值易耗品""库存商品""周转材料""委托加工物资""委托代销商品""生产成本"等科目的期末余额合计,减去"代销商品款""存货跌价准备"科目期末余额后的净额填列。材料采用计划成本核算,以及库存商品采用计划成本核算或售价核算的企业,还应按加或减材料成本差异、商品进销差价后的金额填列。 合同履约成本,初始确认时摊销期限不超过一年或一个正常营业周期的,在资产负债表中计入"存货"项目
一年内到期的非流动资产	本项目应根据有关科目的期末余额分析填列
长期股权投资	本项目应根据"长期股权投资"科目的期末余额,减去"长期股权投资减值准备"科目的期末余额后的净额填列
固定资产	本项目应根据"固定资产"科目的期末余额,减去"累计折旧"和"固定资产减值准备"科目期末余额后的金额,以及"固定资产清理"科目余额填列
在建工程	本项目应根据"在建工程"科目的期末余额,减去"在建工程减值准备"科目期末余额后的金额,以及填列"工程物资"科目的期末余额,减去"工程物资减值准备"科目的期末余额后的金额填列
使用权资产	本项目应根据"使用权资产"科目的期末余额,减去"使用权资产累计折旧"和"使用权资产减值准备"科目的期末余额填列
无形资产	本项目应根据"无形资产"的期末余额,减去"累计摊销"和"无形资产减值准备"科目期末余额后的金额填列
长期待摊费用	本项目应根据"长期待摊费用"科目的期末余额减去将于一年内(含一年)摊销的数额后的金额分析填列
其他非流动资产	本项目应根据有关科目的期末余额填列 合同履约成本初始确认时摊销期限在一年或一个正常营业周期以上的,在资产负债表中计入"其他非流动资产"项目。 合同取得成本初始确认时摊销期限在一年或一个正常营业周期以上的,在资产负债表中计入"其他非流动资产"项目

2. 负债项目的填列说明

负债项目的填列说明，见表 9-2。

表 9-2　负债项目填列说明

项　目	填列说明
短期借款	本项目应根据"短期借款"科目的期末余额填列
应付票据	本项目应根据"应付票据"科目的期末余额填列
应付账款	本项目应根据"应付账款"和"预付账款"科目所属的相关明细科目的期末贷方余额合计数填列
预收款项	本项目应根据"预收账款"和"应收账款"科目所属各明细科目的期末贷方余额合计数填列
合同负债	本项目根据"合同负债"科目的相关明细科目的期末余额分析填列，同一合同下的合同资产和合同负债应当以净额列示，其中净额为贷方余额的，应当根据其流动性在"合同负债"或"其他非流动负债"项目中填列
其他应付款	本项目应根据"应付利息""应付股利"和"其他应付款"科目的期末余额合计数填列
应付职工薪酬	本项目应根据"应付职工薪酬"科目所属各明细科目的期末贷方余额分析填列
其他应付款	本项目应根据"应付利息""应付股利"和"其他应付款"科目的期末余额合计数填列。
应交税费	本项目应根据"应交税费"科目的期末贷方余额填列，如"应交税费"科目期末为借方余额，应以"－"号填列。需要说明的是，"应交税费"科目下的"应交增值税""未交增值税""待抵扣进项税额""待认证进项税额""增值税留抵税额"等明细科目期末借方余额应根据情况，在资产负债表中的"其他流动资产"或"其他非流动资产"项目列示；"应交税费——待转销项税额"等科目期末贷方余额应根据情况，在资产负债表中的"其他流动负债"或"其他非流动负债"项目列示；"应交税费"科目下的"未交增值税""简易计税""转让金融商品应交增值税""代扣代交增值税"等科目期末贷方余额应在资产负债表中的"应交税费"项目列示
一年内到期的非流动负债	本项目应根据有关科目的期末余额分析填列
长期借款	本项目应根据"长期借款"科目的期末余额填列
应付债券	本项目应根据"应付债券"科目的期末余额填列

项　目	填列说明
租赁负债	本项目应根据"租赁负债"科目的期末余额填列。一年内到期应予以清偿的租赁负债的期末账面价值，在"一年内到期的非流动负债"项目反映
其他非流动负债	本项目应根据有关科目的期末余额填列。其他非流动负债项目应根据有关科目期末余额减去将于1年内（含1年）到期偿还数后的余额分析填列。非流动负债各项目中将于1年内（含1年）到期的非流动负债，应在"一年内到期的非流动负债"项目内反映
长期应付款	本项目应根据"长期应付款"科目的期末余额，减去相关的未确认融资费用：科目的期末余额后的金额，以及"专项应付款"科目的期末余额填列
递延收益	摊销期限只剩一年或不足一年的，或预计在一年内（含一年）进行摊销的部分，不得归类为流动负债，仍在该项目中填列，不转入"一年内到期的非流动负债"项目

3. 所有者权益项目的填列说明

（1）"实收资本（或股本）"项目，反映企业各投资者实际投入的资本（或股本）总额。本项目应根据"实收资本"（或"股本"）科目的期末余额填列。

（2）"资本公积"项目，反映企业资本公积的期末余额。本项目应根据"资本公积"科目的期末余额填列。

（3）"盈余公积"项目，反映企业盈余公积的期末余额。本项目应根据"盈余公积"科目的期末余额填列。

（4）"未分配利润"项目，反映企业尚未分配的利润。本项目应根据"本年利润"科目和"利润分配"科目的余额计算填列。未弥补的亏损在本项目内以"－"号填列。

（5）"其他综合收益"项目，本项目应根据"其他综合收益"科目的期末余额填列。

【例9-1】2024年1月31日，绿地房地产开发有限公司总账及明细余额，见表9-3。

表 9-3　总账及明细账期末余额表　　　　　　单位：元

资产账户	总账及明细账期末余额		负债及权益账户	总账及明细账期末余额	
	借方余额	贷方余额		借方余额	贷方余额
库存现金	6 000	—	短期借款	—	20 000 000
银行存款	42 890 000	—	应付票据	—	500 000
其他货币资金	3 000 000	—	应付账款	—	52 135 000
银行汇票	1 800 000	—	预收账款	—	240 000
信用证	1 200 000	—	合同负债	—	97 400 000
应收票据	230 000	—	应付职工薪酬	—	11 230 000
应收账款	8 619 000	—	应交税费	—	8 920 000
合同资产	34 500 000	—	其他应付款	—	40 950 000
预付账款	450 000	—	应付利息	—	40 000
其他应收款	976 000	—	其他	—	950 000
坏账准备	应收账款	191 000	长期借款	—	90 000 000
	其他应收款	191 000	实收资本	—	80 000 000
开发产品	151 450 000	—	盈余公积	—	6 890 000
原材料	1 890 000	—	利润分配	—	14 508 100
周转材料	350 000	—	资本公积	—	11 531 900
存货跌价准备	—	430 000	递延所得税负债	—	389 000
固定资产	14 500 000	—			
累计折旧	—	2 110 000			
在建工程	11 290 000	—			
无形资产	880 000	—			
累计摊销	—	152 000			
长期股权投资	85 628 500	—			
在建工程	11 290 000	—			
投资性房地产	40 554 250	—			
递延所得税资产	20 277 125	—			
商誉	20 000 000	—			
其他非流动资产	277 125	—			

"其他应收款"项目期末金额＝976 000－191 000＝785 000（元）

根据上述资料，编制资产负债表。见表 9-4。

表 9-4 资产负债表

编制单位：绿地房地产开发有限公司　　　2024 年 1 月 31 日　　　　　　　单位：元

资　产	期末余额	年初余额	负债和所有者权益（或股东权益）	期末余额	年初余额
流动资产：			流动负债：		
货币资金	45 896 000	36 004 000	短期借款	20 000 000	10 000 000
应收票据	230 000	240 000	应付票据	500 000	600 000
应收账款	8 428 000	5 442 000	应付账款	52 135 000	25 300 000
预付账款	450 000	456 000	预收款项	240 000	120 000
其他应收款	785 000	6 548 000	合同负债	97 400 000	44 500 000
存货	153 260 000	14 280 000	应交税费	8 920 000	912 500
合同资产	34 500 000	22 350 000	应付职工薪酬	11 230 000	993 400
持有待售资产	—	—	其他应付款	40 950 000	20 760 000
一年内到期的非流动资产	—	—	一年内到期的非流动负债	—	—
其他流动资产			其他流动负债		
流动资产合计	243 549 000	85 320 000	流动负债合计	231 375 000	103 185 900
非流动资产：			非流动负债：		
债权投资	—	—	长期借款	90 000 000	20 000 000
其他债权投资	—	—	应付债券	—	—
长期应收款			其中：优先股		
长期股权投资	85 628 500	74 210 000	永续债	—	—
投资性房地产	40 554 250	2 789 000	长期应付款	—	—
固定资产	12 390 000	6 690 000	预计负债		
在建工程	11 290 000	22 340 000	递延收益	—	—
生产性生物资产	—	—	递延所得税负债	389 000	448 900
油气资产	—	—	其他非流动负债	—	—
无形资产	728 000	632 000	非流动负债合计	90 389 000	20 448 900
开发支出			负债合计	321 764 000	123 634 800

资　　产	期末余额	年初余额	负债和所有者权益（或股东权益）	期末余额	年初余额
商誉	20 000 000	20 000 000	所有者权益（或股东权益）：		
长期待摊费用	—	—	实收资本（或股本）	80 000 000	80 000 000
递延所得税资产	20 277 125	11 658 900	其他权益工具	—	—
其他非流动资产	277 125	243 000	其中：优先股	—	—
非流动资产合计	191 145 000	138 562 900	永续债	—	—
—	—	—	资本公积	11 531 900	
—	—	—	减：库存股		
—	—	—	其他综合收益	—	—
—	—	—	盈余公积	6 890 000	4 500 000
—	—	—	未分配利润	14 508 100	14 508 100
			所有者权益（或股东权益）合计	112 930 000	—
资产总计	434 694 000	223 882 900	负债和所有者权益（或股东权益）总计	434 694 000	223 882 900

9.1.2　利润表编制方法

通过利润表，可以反映企业在一定会计期间收入、费用、利润（或亏损）、其他综合收益的数额、构成情况，帮助财务报表使用者全面了解企业的经营成果，分析企业的获利能力及盈利增长趋势，从而为其作出经济决策提供依据。

1. 利润表的结构

我国企业的利润表采用多步式格式，多步式利润表通常分为如下几步：

第一步，以营业收入为基础，减去营业成本、税金及附加、销售费用、管理费用、财务费用、资产减值损失，加上公允价值变动收益（减去公允价值变动损失）和投资收益（减去投资损失），计算出营业利润。

第二步，以营业利润为基础，加上营业外收入，减去营业外支出，计算出利润总额。

第三步，以利润总额为基础，减去所得税费用，计算出净利润（或净亏损）。

2. 利润表项目列示

利润表各项目均需填列"本期金额"和"上期金额"两栏。利润表"本期金额""上期金额"栏内各项数字，应当按照相关科目的发生额分析填列。

利润表项目的填列说明，见表9-5。

表 9-5　利润表项目填列说明

项　　目	填列方法
营业收入	本项目应根据"主营业务收入"和"其他业务收入"科目的发生额分析填列
营业成本	本项目应根据"主营业务成本"和"其他业务成本"科目的发生额分析填列
税金及附加	本项目应根据"税金及附加"科目的发生额分析填列
销售费用	本项目应根据"销售费用"科目的发生额分析填列
管理费用	本项目应根据"管理费用"科目的发生额分析填列
研发费用	本项目根据"管理费用"科目下的"研究费用"明细科目的发生额，以及"管理费用"科目下的"无形资产摊销"明细科目的发生额分析填列
财务费用	本项目应根据"财务费用"科目的发生额分析填列
其他收益	本项目应根据"其他收益"科目的发生额分析填列
资产减值损失	本项目应根据"资产减值损失"科目发生额分析填列
信用减值损失	本项目应根据"信用减值损失"科目发生额分析填列
资产处置损益	本项目应根据"资产处置损益"科目发生额分析填列，如为处置损失，则以"—"号填列
公允价值变动收益	本项目应根据"公允价值变动损益"科目的发生额分析填列，如为净损失，本项目以"—"号填列

项　目	填列方法
投资收益	本项目应根据"投资收益"科目的发生额分析填列。如为投资损失，本项目用"－"号填列
营业利润	反映企业实现的营业利润。如为亏损，本项目以"－"号填列
营业外收入	本项目应根据"营业外收入"科目的发生额分析填列
营业外支出	本项目应根据"营业外支出"科目的发生额分析填列
利润总额	反映企业实现的利润。如为亏损，本项目以"－"号填列
所得税费用	本项目应根据"所得税费用"科目的发生额分析填列
净利润	反映企业实现的净利润。如为亏损，本项目以"－"号填列
每股收益	包括基本每股收益和稀释每股收益两项指标，反映普通股或潜在普通股已公开交易的企业，以及正在公开发行普通股或潜在普通股过程中的企业的每股收益信息
其他综合收益	反映企业未在损益中确认的各项利得和损失扣除所得税影响后的净额
综合收益总额	反映企业净利润与其他综合收益的合计金额

3. 利润表编制案例

【例 9-2】2024 年 1 月 31 日，绿地房地产开发有限公司损益类账户发生额，见表 9-6。

表 9-6　账户发生额

账户名称	借方发生额（元）	贷方发生额（元）
主营业务收入	——	320 467 380
主营业务成本	109 700 000	——
其他业务收入	——	9 140 000
其他业务成本	2 765 000	——
税金及附加	2 639 000	——
销售费用	88 340 000	——
管理费用	29 140 000	——
研发费用	3 270 000	——
财务费用	40 164 050	——

账户名称	借方发生额（元）	贷方发生额（元）
其中：利息费用	40 000 000	—
其他费用	164 050	—
投资收益	—	1 467 000
营业外收入	—	96 400
营业外支出	8 732 000	—
资产减值损失	1 454 000	—
所得税费用	18 793 630	—

营业收入＝320 467 380＋9 140 000＝329 607 380（元）

营业成本＝109 700 000＋2 765 000＝112 465 000（元）

根据上述资料，编制利润表，见表9-7。

表 9-7 利润表

编制单位：绿地房地产开发有限公司　　2024 年 1 月 31 日　　　　　　单位：元

项　　目	本期金额	上期金额（略）
一、营业收入	329 607 380	—
减：营业成本	112 465 000	—
税金及附加	2 639 000	—
销售费用	88 340 000	—
管理费用	29 140 000	—
研发费用	3 270 000	—
财务费用	40 164 050	—
其中：利息费用	40 000 000	—
其他费用	164 050	—
加：其他收益	—	—
投资收益（损失以"—"号填列）	1 467 000	—
其中：对联营企业和合营企业的投资收益	—	—
公允价值变动收益（损失以"—"号填列）	—	—
信用减值损失（损失以"—"号填列）	—	—
资产减值损失	1 454 000	—
资产处置收益（损失以"—"号填列）	—	—

项　目	本期金额	上期金额（略）
二、营业利润（亏损以"－"号填列）	53 602 330	—
加：营业外收入	96 400	—
减：营业外支出	8 732 000	—
三、利润总额（亏损总额以"－"号填列）	44 966 730	—
减：所得税费用	18 793 630	—
四、净利润（净亏损以"－"号填列）	26 173 100	—
（一）持续经营净利润（净亏损以"－"号填列）	—	—
（二）终止经营净利润（净亏损以"－"号填列）	—	—
五、其他综合收益的税后净额	—	—
（一）不能重分类进损益的其他综合收益	—	—
1. 重新计量设定受益计划变动额	—	—
2. 权益法不能损益的其他综合收益	—	—
3. 其他权益工具投资公允价值变动	—	—
4. 企业自身信用风险公允价值变动	—	—
……	—	—
（二）将重分类进损益的其他综合收益	—	—
1. 权益法下可转损益的其他综合收益	—	—
2. 其他债权投资公允价值变动	—	—
3. 金融资产重分类为计入其他综合收益的金额	—	—
4. 其他债权投资信用减值准备	—	—
5. 现金流量套期储备	—	—
6. 外币财务报表折算差额	—	—
……	—	—
六、综合收益总额	—	—
七、每股收益	—	—
（一）基本每股收益	—	—
（二）稀释每股收益	—	—

9.1.3　现金流量表编制方法

现金流量是一定会计期间内企业现金和现金等价物的流入和流出。企业从银行提取现金、用现金购买短期到期的国库券等现金和现金等价物之间的转换不属于现金流量。

现金是指企业库存现金及可以随时用于支付的存款，包括库存现金、银行存款和其他货币资金（如外埠存款、银行汇票存款、银行本票存款）等。不能随时用于支付的存款不属于现金。

现金等价物是企业持有的期限短、流动性强、易于转换为已知金额现金、价值变动风险很小的投资。期限短，一般是指从购买日起三个月内到期。现金等价物通常包括三个月内到期的债券投资等。权益性投资变现的金额通常不确定，因而不属于现金等价物。企业应当根据具体情况，确定现金等价物的范围，一经确定不得随意变更。

1. 经营活动产生的现金流量项目计算

经营活动产生的现金流量净额计算。经营活动产生的现金流量净额的各个子项目计算方法具体见表 9-8。

表 9-8　经营活动产生的现金流量净额计算

项　目	计算公式
销售商品、提供劳务收到的现金	利润表"主营业务收入"＋"其他业务收入"＋按利润表中（"主营业务收入"＋"其他业务收入"）计算的应交税费（应交增值税－销项税额）＋资产负债表中（"应收账款"期初数－"应收账款"期末数）＋（"应收票据"期初数－"应收票据"期末数）＋（"合同负债"期末数－"合同负债"期初数）－当期计提的"坏账准备"
收到的税费返还	（应收补贴款期初余额－应收补贴款期末余额）＋补贴收入＋所得税本期贷方发生额累计数
收到的其他与经营活动有关的现金	营业外收入相关明细本期贷方发生额＋其他业务收入相关明细本期贷方发生额＋其他应收账款相关明细本期贷方发生额＋其他应付账款相关明细本期贷方发生额＋银行存款利息收入
购买商品、接受劳务支付的现金	＝利润表中"主营业务成本"＋"其他业务成本"＋（资产负债表中"存货"期末价值－"存货"期初价值）＋应交税费（应交增值税——进项税额）＋（"应付账款"期初数－"应付账款"期末数）＋（"应付票据"期初数－"应付票据"期末数）＋（"合同资产"期末数－"合同资产"期初数）
支付给职工以及为职工支付的现金	＝资产负债表中应付职工薪酬借方发生额＋管理费用中"养老金""住房公积金""医疗保险"＋成本及制造费用中的"劳动保护费"

项　目	计算公式
支付的各项税费（不包括耕地占用税及退回的增值税所得税）	＝利润表中"所得税"＋"税金及附加"＋"应交税费（应交增值税－已交税金）（本期利润表中营业收入计算的各项税费）"
支付的其他与经营活动有关的现金（剔除各项因素后的费用）	＝利润表中"管理费用＋销售费用＋营业外支出"－资产负债表中"累计折旧"增加额（期末数－期初数）（也就是计入各项费用的折旧，这部分是没有在本期支付现金的）－费用中的工资（已在"为职工支付的现金"中反映）＋其他应收款借方发生额

（1）销售商品、提供劳务收到的现金。

【例9-3】绿地房地产开发有限公司2024年1月31日增值税专用发票上注明的不含税金额为320 467 380元，租金收入9 140 000元（不含税），税率均为9％。应收票据期初余额为240 000元，期末余额为230 000元；预收账款期末余额为240 000元，期初余额为120 000元；应收账款期初余额为5 442 000元，期末余额为8 428 000元；本月计提坏账损失为892 000元。

本期销售商品、提供劳务收到的现金＝（320 467 380＋9 140 000）×（1＋9％）＝359 272 044.20（元）

本期收到前期的应收票据＝240 000－230 000＝10 000（元）

本期收到前期的应收账款＝5 442 000－8 428 000－892 000＝－3 878 000（元）

本期预收账款＝240 000－120 000＝120 000（元）

本期销售商品、提供劳务收到的现金＝355 524 044.20（元）

（2）收到的税费返还。

"收到的税费返还"项目，反映企业收到返还的各种税费，如收到的增值税、所得税、消费税、关税、教育费附加返还款等。本项目可以根据有关科目的记录分析填列。

【例9-4】2024年1月31日，绿地房地产开发有限公司预缴所得税17 231 200元，本月应交所得税款16 345 200元，月末收到所得税返还款886 000元，已存入银行。

本期收到的税费返还＝886 000（元）

（3）收到的其他与经营有关的现金。

"收到的其他与经营活动有关的现金"项目，反映企业除上述各项目外，收到的其他与经营活动有关的现金，如罚款收入、经营租赁固定资产收到的现金、投资性房地产收到的租金收入、流动资产损失中由个人赔偿的现金收入、除税费返还外的其他政府补助收入等。其他现金流入如价值较大的，应单列项目反映。

本项目可以根据"库存现金""银行存款""营业外收入""管理费用""销售费用"等科目的记录分析填列。

【例 9-5】绿地房地产开发有限公司收到出租设备收入 512 490 元。

收到的其他与经营活动有关的现金＝512 490（元）

（4）购买商品、接受劳务支付的现金。

"购买商品、接受劳务支付的现金"项目，反映企业购买材料、商品、接受劳务实际支付的现金，包括支付的货款及与货款同时支付的增值税进项税额。具体包括：本期购买商品、接受劳务支付的现金，以及本期支付前期购买商品、接受劳务的未付款项和本期预付款项，减去本期发生的购货退回收到的现金。为购置存货而发生的借款利息资本化部分，应在"分配股利、利润或偿付利息支付的现金"项目中反映。企业购买材料和代购代销业务支付的现金，也在本项目反映。

本项目可以根据"库存现金""银行存款""应付票据""应付账款""合同资产""主营业务成本""其他业务成本"等科目的记录分析填列。

【例 9-6】绿地房地产开发有限公司本期购买建筑材料，收到的专用发票上注明不含税价款为 109 700 000 元；租用临时活动房支出 2 765 000 元。应付账款月初余额为 25 300 000 元，月末余额为 52 135 000 元；应付票据月初余额为 600 000 元，月末余额为 500 000 元；购买工程用物资 4 230 000 元，货款已通过银行转账支付。

本期购买商品、接受劳务支付的现金计算如下：

本期购买砂石及水泥支付的价款＝（109 700 000＋2 765 000）×（1＋9%）＝122 586 850（元）

加：本期支付的前期应付账款＝25 300 000－52 135 000＝－26 835 000（元）

本期支付的前期应付票据＝600 000－500 000＝100 000（元）

本期购买商品、接受劳务支付的现金＝95 851 850（元）

购买的工程物资属于投资活动的现金流量。

（5）支付给职工以及为职工支付的现金。

"支付给职工以及为职工支付的现金"项目，反映企业实际支付给职工的现金以及为职工支付的现金，包括企业为获得职工提供的服务，本期实际给予各种形式的报酬以及其他相关支出，如支付给职工的工资、奖金、各种津贴和补贴，为职工支付的医疗、养老、失业、工伤、生育等社会保险基金、补充养老保险、住房公积金，为职工交纳的商业保险金，因解除与职工劳动关系给予的补偿，现金结算的股份支付，以及支付给职工或为职工支付的其他福利费用等，不包括支付给在建工程人员的工资。支付的在建工程人员的工资，在"购建固定资产、无形资产和其他长期资产所支付的现金"项目中反映。应根据职工的工作性质和服务对象，分别在"购建固定资产、无形资产和其他长期资产所支付的现金"和"支付给职工以及为职工支付的现金"项目中反映。

本项目可以根据"库存现金""银行存款""应付职工薪酬"等科目的记录分析填列。

【例 9-7】绿地房地产开发有限公司本期实际支付工资 10 236 600 元。

支付给职工的工资＝10 236 600（元）

（6）支付的各项税费

"支付的各项税费"项目，反映企业按规定支付的各项税费，包括本期发生并支付的税费，以及本期支付以前各期发生的税费和预交的税金，如支付的增值税、消费税、所得税、教育费附加、印花税、房产税、土地增值税、车船使用税等。不包括本期退回的增值税、所得税。本期退回的增值税、所得税等，在"收到的税费返还"项目中反映。本项目可以根据"应交税费""库存现金""银行存款"等科目的记录分析填列。

【例 9-8】绿地房地产开发有限公司本月支付的增值税、城建税、教育费附加、所得税、印花税、车船税等税款共计 1 942 350 元。另外，支付与经营活动有关的现金为 2 530 526 342 元。

本期支付的各项税费＝1 942 350（元）

本期支付与经营活动相关的现金＝2 530 526 342（元）

2. 投资活动产生的现金流量项目计算

投资活动产生的现金流量净额计算。投资活动产生的现金流量净额各个子项目计算方法具体见表 9-9。

表 9-9　投资活动产生的现金流量净额计算

项　目	计算公式
收回投资所收到的现金	本项目＝资产负债表中"债权投资"期初期末数和各项长期投资科目的变动数
取得投资收益所收到的现金	本项目＝利润表投资收益－（应收利息期末数－应收利息期初数）－（应收股利期末数－应收股利期初数）
处置固定资产、无形资产和其他长期资产所收回的现金净额	本项目＝资产负债表中"固定资产"＋"在建工程"＋"无形资产"等其他科目变动额（减少了"计入收到的现金流量"中，增加了"计入支付的现金流量中"）＋"固定资产清理"贷方发生额
收到的其他与投资活动有关的现金	如收回融资租赁设备本金等
购建固定资产、无形资产和其他长期资产所支付的现金	本项目＝（在建工程期末数－在建工程期初数）（剔除利息）＋（固定资产期末数－固定资产期初数）＋（无形资产期末数－无形资产期初数）＋（其他长期资产期末数－其他长期资产期初数）
投资所支付的现金	本项目＝（债权投资期末数－债权投资期初数）＋（长期股权投资期末数－长期股权投资期初数）（剔除投资收益或损失）＋（长期债权投资期末数－长期债权投资期初数）（剔除投资收益或损失）
支付的其他与投资活动有关的现金	如投资未按期到位罚款

（1）"收回投资收到的现金"项目。

"收回投资收到的现金"项目，反映企业出售、转让或到期收回除现金等价物以外的交易性金融资产、债权投资、长期股权投资等而收到的现金。不包括债权性投资收回的利息、收回的非现金资产，以及处置子公司及其他营业单位收到的现金净额。债权性投资收回的本金，在本项目反映，债权性投资收回的利息，不在本项目中反映，而在"取得投资收益所收到的现金"项目中反映。处置子公司及其他营业单位收到的现金净额单设项目反映。

本项目可以根据"交易性金融资产""债权投资""长期股权投资""库存现金""银行存款"等科目的记录分析填列。

【例 9-9】绿地房地产开发有限公司出售招商银行股票，收到的金额为881 200 元；出售用过的起重机，收到价款 153 200 元。

本期收回投资所收到的现金＝881 200（元）

（2）取得投资收益收到的现金。

"取得投资收益收到的现金"项目，反映企业因股权性投资而分得的现金股利，因债权性投资而取得的现金利息收入。

本项目可以根据"应收股利""应收利息""投资收益""库存现金""银行存款"等科目的记录分析填列。

（3）"处置固定资产、无形资产和其他长期资产收回的现金净额"项目，反映企业出售固定资产、无形资产和其他长期资产（如投资性房地产）所取得的现金，减去为处置这些资产而支付的有关税费用后的净额。

本项目可以根据"固定资产清理""库存现金""银行存款"等科目的记录分析填列。

接【例 9-9】，本期收到出售起重机 153 200 元。

（4）购建固定资产、无形资产和其他长期资产支付的现金。

"购建固定资产、无形资产和其他长期资产支付的现金"项目，反映企业购买、建造固定资产，取得无形资产和其他长期资产（如投资性房地产）支付的现金（含增值税款），以及用现金支付的应由在建工程和无形资产负担的职工薪酬。

本项目可以根据"固定资产""在建工程""工程物资""无形资产""库存现金""银行存款"等科目的记录分析填列。

【例 9-10】绿地房地产开发有限公司本期购入 3 台推土机，价款共计 1 120 000 元，货款已付。购买工程材料 750 000 元；在建工程工人工资 93 400 元。

本期购建固定资产、无形资产和其他长期资产支付的现金＝购买挖掘机支付的现金＋为在建工程购买材料支付的现金＋在建工程人员工资及费用＝ 1 120 000＋750 000＋93 400＝1 963 400（元）

（5）投资支付的现金。

"投资支付的现金"项目，反映企业进行权益性投资和债权性投资所支付的现金，包括企业取得的除现金等价物以外的交易性金融资产、债权投资、其他债权投资而支付的现金，以及支付的佣金、手续费等交易费用。

本项目可根据"交易性金融资产""债权投资""其他债权投资""投资性房地产""长期股权投资""库存现金""银行存款"等科目的记录分析填列。

（6）支付的其他与投资活动有关的现金。

"支付的其他与投资活动有关的现金"项目，反映企业除上述各项目外，支付的其他与投资活动有关的现金流出。其他与投资活动有关的现金，如果价值较大的，应单列项目反映。

3. 筹资活动产生的现金流量有关项目的计算

筹资活动产生的现金流量净额计算。筹资活动产生的现金流量净额各个子项目计算方法，具体见表9-10。

表9-10　融资活动产生的现金流量净额计算

项　目	计算公式
吸收投资所收到的现金	＝（实收资本或股本期末数－实收资本或股本期初数）＋（应付债券期末数－应付债券期初数）
借款收到的现金	＝（短期借款期末数－短期借款期初数）＋（长期借款期末数－长期借款期初数）
收到的其他与融资活动有关的现金	如投资人未按期缴纳股权的罚款现金收入等
偿还债务所支付的现金	＝（短期借款期初数－短期借款期末数）＋（长期借款期初数－长期借款期末数）（剔除利息）＋（应付债券期初数－应付债券期末数）（剔除利息）
分配股利、利润或偿付利息所支付的现金	＝应付股利借方发生额＋利息支出＋长期借款利息＋在建工程利息＋应付债券利息
支付的其他与筹资活动有关的现金	如发生融资费用所支付的现金、融资租赁所支付的现金、减少注册资本所支付的现金（收购本公司股票，退还联营单位的联营投资等）、企业以分期付款方式购建固定资产，除首期付款支付的现金以外的其他各期所支付的现金等

（1）"吸收投资收到的现金"项目，反映企业以发行股票、债券等方式筹集资金实际收到的款项净额（发行收入减去支付的佣金等发行费用后的净额）。

本项目可以根据"实收资产（或股本）""资本公积""库存现金""银行存款"等科目的记录分析填列。

（2）借款收到的现金。

"取得借款收到的现金"项目，反映企业举借各种短期、长期借款而收到的现金。

本项目可以根据"短期借款""长期借款""交易性金融资产""应付债券""库存现金""银行存款"等科目的记录分析填列。

【例9-11】绿地房地产开发有限公司短期借款期末数 20 000 000 元，期初数 10 000 000 元；长期借款期末数 90 000 000 元，期初数 20 000 000 元，支付利息费用 3 450 000 元。

借款收到的现金＝（短期借款期末数－短期借款期初数）＋（长期借款期末数－长期借款期初数）

＝（20 000 000－10 000 000）＋（90 000 000－20 000 000）－3 450 000

＝10 000 000＋70 000 000

＝80 000 000（元）

（3）"收到的其他与筹资活动有关的现金"项目，反映企业除上述各项目外，收到的其他与筹资活动有关的现金流入，如接受现金捐赠等。其他与筹资活动有关的现金，如果价值较大的，应单列项目反映。本项目可以根据有关科目的记录分析填列。

（4）"偿还债务所支付的现金"项目，反映企业以现金偿还债务的本金。

本项目可以根据"短期借款""长期借款""交易性金融资产""应付债券""库存现金""银行存款"等科目的记录分析填列。

（5）"分配股利、利润或偿付利息所支付的现金"项目，反映企业实际支付的现金股利，支付给其他投资单位的利润或用现金支付的借款利息，债券利息。

本项目可根据"应付股利""应付利息""利润分配""财务费用""在建工程""制造费用""研发支出""库存现金""银行存款"等科目的记录分析填列。

【例 9-12】本月向投资者支付利润 12 118 100 元。

本期分配股利、利润或偿付利息所支付的现金计算如下：

分配股利、利润或偿付利息所支付的现金＝12 118 100（元）

4. 汇率变动对现金及现金等价物的影响

企业外币现金流量折算成记账本位币时，所采用的是现金流量发生日的汇率或即期汇率的近似汇率，而现金流量表"现金及现金等价物净增加额"项目中外币现金净增加额是按资产负债表日的即期汇率折算。这两者的差额即为汇率变动对现金的影响。

5. 现金的计算

现金的期末余额＝资产负债表"货币资金"期末余额

现金的期初余额＝资产负债表"货币资金"期初余额

现金及现金等价物的净增加额＝现金的期末余额－现金的期初余额

根据上述资料，编制绿地房地产开发有限公司现金流量表，见表 9-11。

表 9-11 现金流量表

编制单位：绿地房地产开发有限公司　　　2024 年 1 月 31 日　　　单位：元

项　目	本期金额	上期金额（略）
一、经营活动产生的现金流量		
销售商品、提供劳务收到的现金	355 524 044.2	
收到的税费返还	886 000	
收到其他与经营活动有关的现金	512 490	
经营活动现金流入小计	356 922 534.2	
购买商品、接受劳务支付的现金	148 751 850	
支付给职工以及为职工支付的现金	10 236 600	
支付的各项税费	1 942 350	
支付其他与经营活动有关的现金	253 052 634.2	
经营活动现金流出小计	413 983 434.2	
经营活动产生的现金流量净额	−57 060 900	
二、投资活动产生的现金流量		
收回投资收到的现金	881 200	
取得投资收益收到的现金	—	
处置固定资产、无形资产和其他长期资产收回的现金净额	153 200	
处置子公司及其他营业单位收到的现金净额	—	
收到其他与投资活动有关的现金	—	
投资活动现金流入小计	1 034 400	
购建固定资产、无形资产和其他长期资产支付的现金	1 963 400	
投资支付的现金	—	
取得子公司及其他营业单位支付的现金净额	—	
支付其他与投资活动有关的现金	—	
投资活动现金流出小计	1 963 400	
投资活动产生的现金流量净额	−929 000	
三、筹资活动产生的现金流量		
吸收投资收到的现金	—	
取得借款收到的现金	80 000 000	

项　目	本期金额	上期金额（略）
收到其他与筹资活动有关的现金	—	
筹资活动现金流入小计	80 000 000	
偿还债务支付的现金	—	
分配股利、利润或偿付利息支付的现金	12 118 100	
支付其他与筹资活动有关的现金	—	
筹资活动现金流出小计	12 118 100	
筹资活动产生的现金流量净额	67 881 900	
四、汇率变动对现金及现金等价物的影响		
五、现金及现金等价物净增加额	9 892 000	
加：期初现金及现金等价物余额	36 004 000	
六、期末现金及现金等价物余额	45 896 000	

9.1.4　所有者权益变动表编制方法

通过所有者权益变动表，既可以为报表使用者提供所有者权益总量增减变动的信息，也能为其提供所有者权益增减变动的结构性信息，特别是能够让报表使用者理解所有者权益增减变动的根源。所有者权益变动表在一定程度上体现企业的综合收益。

综合收益＝净利润＋其他综合收益

净利润＝利润总额－所得税费用

所有者权益变动表各项目均需填列"本年金额"和"上年金额"两栏。

所有者权益变动主要项目的列报说明

1."上年年末余额"项目

"上年年末余额"反映企业上年资产负债表中实收资本（或股本）、资本公积、盈余公积、未分配利润的年末余额。

2."会计政策变更"和"前期差错更正"项目

"会计政策变更"和"前期差错更正"分别反映企业采用追溯调整法处理会计政策重要的累计影响金额和采用追溯重述法处理会计差错更正的累积影响金额。

3. "本年年初余额"项目

"本年年初余额"项目，根据上年年末余额加上"会计政策变更""前期差错更正"数计算得出。

4. "本年增减变动额"项目

(1) "综合收益总额"项目，反映净利润和其他综合收益扣除所得税影响后的净额相加后的金额。

(2) "所有者投入和减少资本"项目，反映企业接受投资者投入形成的实收资本（或股本）和资本溢价（或股本溢价）及减少的资本。

(3) "利润分配"项目，反映企业当年的利润分配金额。

(4) "所有者权益内部结转"下各项目，反映企业构成所有者权益各组成部分之间的增减变动情况。

其中：① "资本公积转增资本（或股本）"项目，反映企业以资本公积转增资本或股本的金额。

② "盈余公积转增资本（或股本）"项目，反映企业以盈余公积转增资本或股本的金额。

③ "盈余公积弥补亏损"项目，反映企业以盈余公积弥补亏损的金额。

【例 9-13】绿地房地产开发有限公司 2023 年有关所有者权益账户年初余额本年增减变化见表 9-12。根据表 9-12，编制所有者权益（股东权益）变动见表 9-13（上年金额略）。

表 9-12　所有者权益账户变动情况及原因　　　　金额单位：元

账户	年初余额	本年增加原因	本年减少原因	期末余额
实收资本（或股本）	80 000 000	0	0	80 000 000
资本公积	1 240 000	资产增值 10 291 900	—	11 531 900
盈余公积	4 500 000	从净利润中提取 2 390 000	—	6 890 000
未分配利润	14 508 100	实现净利润 14 508 100	提取盈余公积 2 390 000 元，分配利润 12 118 100	14 508 100
所有者权益（或股东权益）合计	100 248 100	27 190 000	14 508 100	112 930 000

我国企业所有者权益变动表的格式，见表 9-13。

表 9-13　所有者权益变动表

2023 年度

编制单位：绿地房地产开发有限公司　　　　　　　　　　　　　　　　　　　　　　　　单位：元

项　目	本年金额										上年金额（略）									
	实收资本或股本	其他权益工具			资本公积	减：库存股	其他综合收益	盈余公积	未分配利润	所有者权益合计	实收资本（或股本）	其他权益工具			资本公积	减：库存股	其他综合收益	盈余公积	未分配利润	所有者权益合计
		优先股	永续债	其他								优先股	永续债	其他						
一、上年年末余额	80 000 000	—	—	—	1 240 000	—	—	4 500 000	14 508 100	100 248 100	—	—	—	—	—	—	—	—	—	—
加：会计政策变更	—	—	—	—	—	—	—	—	—	—	—	—	—	—	—	—	—	—	—	—
前期差错更正	—	—	—	—	—	—	—	—	—	—	—	—	—	—	—	—	—	—	—	—
其他	—	—	—	—	—	—	—	—	—	—	—	—	—	—	—	—	—	—	—	—
二、本年年初余额	80 000 000	—	—	—	1 240 000	—	—	4 500 000	14 508 100	100 248 100	—	—	—	—	—	—	—	—	—	—
三、本年增减变动金额（减少以"一"号填列）	—	—	—	—	10 291 900	—	—	2 390 000	0	12 681 900	—	—	—	—	—	—	—	—	—	—

项目	本年金额										上年金额（略）									
	实收资本（或股本）	其他权益工具			资本公积	减：库存股	其他综合收益	盈余公积	未分配利润	所有者权益合计	实收资本（或股本）	其他权益工具			资本公积	减：库存股	其他综合收益	盈余公积	未分配利润	所有者权益合计
		优先股	永续债	其他								优先股	永续债	其他						
（一）综合收益总额	—	—	—	—	—	—	—	—	14 508 100	14 508 100	—	—	—	—	—	—	—	—	—	—
（二）所有者投入和减少资本	—	—	—	—	—	—	—	—	—	—	—	—	—	—	—	—	—	—	—	—
1. 所有者投入普通股	—	—	—	—	—	—	—	—	—	—	—	—	—	—	—	—	—	—	—	—
2. 其他权益工具持有者投入资本	—	—	—	—	—	—	—	—	—	—	—	—	—	—	—	—	—	—	—	—
3. 股份支付计入所有者权益金额	—	—	—	—	—	—	—	—	—	—	—	—	—	—	—	—	—	—	—	—
4. 其他	—	—	—	—	—	—	—	—	—	—	—	—	—	—	—	—	—	—	—	—

続上表 (续上表)

项目	本年金额 实收资本（或股本）	其他权益工具 优先股	其他权益工具 永续债	其他权益工具 其他	资本公积	减：库存股	其他综合收益	盈余公积	未分配利润	所有者权益合计	上年金额（略） 实收资本（或股本）	其他权益工具 优先股	其他权益工具 永续债	其他权益工具 其他	资本公积	减：库存股	其他综合收益	盈余公积	未分配利润	所有者权益合计
（三）利润分配	—	—	—	—	—	—	—	—	—	—	—	—	—	—	—	—	—	—	—	—
1. 提取盈余公积	—	—	—	—	—	—	—	2 390 000	−2 390 000	0	—	—	—	—	—	—	—	—	—	—
2. 对所有者（或股东）的分配	—	—	—	—	—	—	—	—	−12 118 100	−12 118 100	—	—	—	—	—	—	—	—	—	—
3. 其他	—	—	—	—	—	—	—	—	—	—	—	—	—	—	—	—	—	—	—	—
（四）所有者权益内部结转	—	—	—	—	—	—	—	—	—	—	—	—	—	—	—	—	—	—	—	—
1. 资本公积转增资本（或股本）	—	—	—	—	—	—	—	—	—	—	—	—	—	—	—	—	—	—	—	—

项目	本年金额										上年金额（略）									
	实收资本（或股本）	其他权益工具			资本公积	减：库存股	其他综合收益	盈余公积	未分配利润	所有者权益合计	实收资本（或股本）	其他权益工具			资本公积	减：库存股	其他综合收益	盈余公积	未分配利润	所有者权益合计
		优先股	永续债	其他								优先股	永续债	其他						
2. 盈余公积转增资本（或股本）	—	—	—	—	—	—	—	—	—	—	—	—	—	—	—	—	—	—	—	—
3. 盈余公积弥补亏损	—	—	—	—	—	—	—	—	—	—	—	—	—	—	—	—	—	—	—	—
4. 设定受益计划变动额结转留存收益	—	—	—	—	—	—	—	—	—	—	—	—	—	—	—	—	—	—	—	—
5. 其他综合收益结转留存收益	—	—	—	—	—	—	—	—	—	—	—	—	—	—	—	—	—	—	—	—
6. 其他	—	—	—	—	—	—	—	—	—	—	—	—	—	—	—	—	—	—	—	—
四、本年末余额	80 000 000	—	—	—	11 531 900	—	—	6 890 000	14 508 100	112 930 000	—	—	—	—	—	—	—	—	—	—

未分配利润本年增减变动额＝14 508 100 ― 2 390 000 ― 12 118 100＝0（元）

未分配利润年末余额＝14 508 100＋0＝14 508 100（元）

9.2 会计报表附注

会计报表附注是会计报表的补充，主要是对会计报表不能包括的内容或者披露不详尽的内容作做一步的解释说明，包括对基本会计假设发生变化；会计报表各项目的增减变动（报表主要项目的进一步注释），以及或有某项或资产负债表日后事项中的不可调整事项的说明：关联方关系及交易的说明等。

9.2.1 重要会计政策的说明

会计政策是指企业在会计确认、计量和报告中所采用的原则、基础和会计处理方法。企业采用的会计计量基础也属于会计政策，如图 9-1 所示。

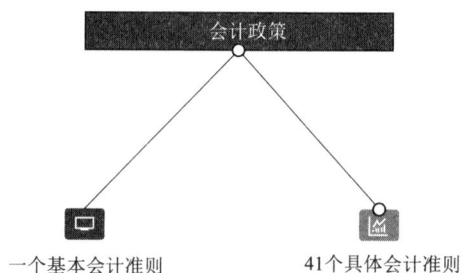

图 9-1 会计主要政策

会计政策变更的条件有以下两点：

（1）法律、行政法规或国家统一的会计制度等要求变更。

依照法律、行政法规以及国家统一的会计准则制度的规定，要求企业采用新的会计政策。例如，新收入准则发布实施以后，同时在境内境外上市的公司于 2018 年 1 月 1 日执行。

（2）会计政策的变更能够提供更可靠、更相关的会计信息。

上市公司年报重要会计政策及会计估计的内容，每家公司的会计政策都会清清楚楚地列示出来。以下是 2018 年东阿阿胶年报中会计政策变更的部分内容，如图 9-2 所示。

根据《关于修订印发 2018 年度一般企业财务报表格式的通知》（财会〔2018〕15 号）要求，资产负债表中，将"应收票据"和"应收账款"归并至新增的"应收票据及应收账款"项目，将"应收利息"和"应收股利"归并至"其他应收款"项目，将"固定资产清理"归并至"固定资产"项目，将"工程物资"归并至"在建工程"项目，将"应付票据"和"应付账款"归并至新增的"应付票据及应付账款"项目，将"专项应付款"归并至"长期应付款"项目；在利润表中，增设"研发费用"项目列报研究与开发过程中发生的费用化支出，"财务费用"项目下分拆"利息费用"和"利息收入"明细项目；本集团相应追溯调整了比较数据。该会计政策变更对合并及公司净利润和股东权益无影响。

上述会计政策变更引起的追溯调整对财务报表的主要影响如下：

项目	会计政策变更前年初余额/本年发生额（元）	会计政策变更（元）	会计政策变更后年初余额/本年发生额（元）
应收票据	551 832 220.20	(551 832 220.20)	—
应收账款	504 726 197.67	(504 726 197.67)	—
应收票据及应收账款	—	1 056 558 417.87	1 056 558 417.87
应收利息	1 324 138.04	(1 324 138.04)	—
其他应收款	59 163 575.81	1 324 138.04	60 487 713.85
应付票据	31 191 868.31	(31 191 868.31)	—
应付账款	829 133 848.64	(829 133 848.64)	—
应付票据及应付账款	—	860 325 716.95	860 325 716.95

图 9-2　政策变更（部分）

会计报表附注应披露的重要会计政策主要包括：

（1）编制会计合并报表所采纳的原则；

（2）外币折算时所采用的方法；

（3）收入的确认原则；

（4）所得税的会计处理方法；

（5）短期投资的期末计价方法；

（6）存货的计价方法；

（7）长期股权投资的核算方法；

（8）长期债权投资的溢折价的摊销方法；

（9）坏账损失的具体会计处理方法；

（10）借款费用的处理方法；

（11）无形资产的计价及摊销方法；

（12）应付债券的溢折价的摊销方法。

9.2.2　会计估计及其变更的说明

会计估计，是指企业对其结果不确定的交易或事项以最近可利用的信息为基础所作的判断。会计估计具有以下特点：

下列各项属于常见的需要进行估计的项目如下：

（1）存货可变现净值的确定；

（2）采用公允价值模式下的投资性房地产公允价值的确定；

（3）固定资产的预计使用寿命与净残值，固定资产的折旧方法；

（4）使用寿命有限的无形资产的预计使用寿命与净残值；

（5）预计负债初始计量的最佳估计数的确定、公允价值的确定。

会计估计变更，是指由于资产和负债的当前状况及预期经济利益和义务发生了变化，从而对资产或负债的账面价值或者资产的定期消耗金额进行调整。

通常情况下，企业可能由于以下原因而发生会计估计变更：

（1）赖以进行估计的基础发生了变化。企业进行会计估计，总是要依赖于一定的基础，如果其所依赖的基础发生了变化，则会计估计也应相应作出改变。例如，企业某项无形资产的摊销年限原定为15年，后来获得了国家专利保护，该资产的受益年限已变为10年，则应相应调减摊销年限。

（2）取得了新的信息，积累了更多的经验。企业进行会计估计是就现有资料对未来所作的判断，随着时间的推移，企业有可能取得新的信息、积累更多的经验，在这种情况下，也需要对会计估计进行修订。例如，东阿阿胶对生产性生物资产企业原对固定资产采用年限平均法按15年计提折旧，后来根据新得到的信息——使用5年后对该固定资产所能生产的产品的产量有了比较准确的证据，企业改按工作量法计提固定资产折旧。

以下为东阿阿胶股份有限公司关于会计估计变更的公告，如图 9-3 所示。

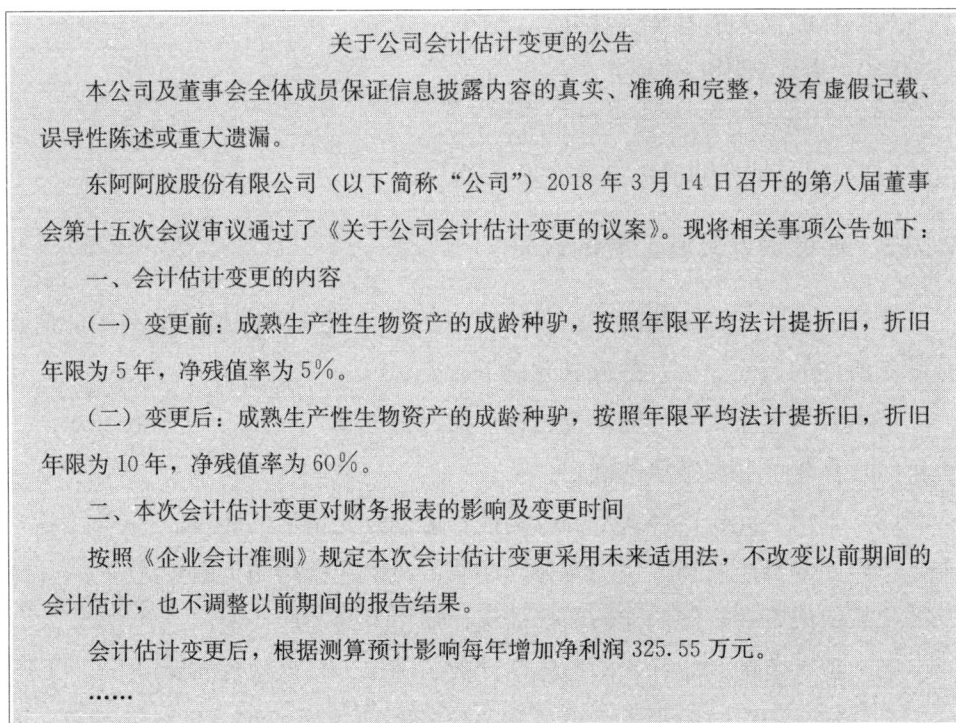

关于公司会计估计变更的公告

本公司及董事会全体成员保证信息披露内容的真实、准确和完整，没有虚假记载、误导性陈述或重大遗漏。

东阿阿胶股份有限公司（以下简称"公司"）2018 年 3 月 14 日召开的第八届董事会第十五次会议审议通过了《关于公司会计估计变更的议案》。现将相关事项公告如下：

一、会计估计变更的内容

（一）变更前：成熟生产性生物资产的成龄种驴，按照年限平均法计提折旧，折旧年限为 5 年，净残值率为 5％。

（二）变更后：成熟生产性生物资产的成龄种驴，按照年限平均法计提折旧，折旧年限为 10 年，净残值率为 60％。

二、本次会计估计变更对财务报表的影响及变更时间

按照《企业会计准则》规定本次会计估计变更采用未来适用法，不改变以前期间的会计估计，也不调整以前期间的报告结果。

会计估计变更后，根据测算预计影响每年增加净利润 325.55 万元。

……

图 9-3　关于会计估计变更的公告

9.2.3　重要事项说明

1. 资产负债表日后事项的说明

资产负债表日后事项包括未决诉讼、仲裁，担保等。

（1）未决诉讼或仲裁形成的或有事项及其财务影响。

期末公司及个别子公司成为某些法律诉讼中的被告，也是在日常业务中出现的其他诉讼中的原告。尽管现时无法确定这些或有事项、法律诉讼或其他诉讼的结果，管理层相信任何因此引致的负债不会对本公司的财务状况或经营业绩构成重大的负面影响。

（2）为子公司提供担保。

以下是截至 2018 年 12 月 31 日某上市公司为下属子公司提供担保明细，见表 9-14。

表 9-14　担保明细

被担保方	担保金额（万元）	被担保贷款期限	担保期限	担保是否已经履行完毕
大连獐子岛通远食品有限公司	2 838. 82	2018 年 7 月 13 日—2019 年 7 月 12 日	债务履行期限届满之日起 2 年	否

2. 关联方关系及其交易的说明

关联方是上市公司财报中必须披露内容，关联方是母公司、子公司、合营及联营企业、其他关联方等。关联方交易是指购销业务、租赁、担保、资金拆借、关联方债务重组、资产转让。

某电梯股份有限公司关联方关系、关联方交易情况说明（节选）见表 9-15。

表 9-15　担保明细

关联方	关联关系
1. 控股股东、实际控制人	
梁某标	直接持有本公司 48％股份、持有股东菱王控股 100％股份、持有股东佛山朗越 66.3％股份
邹某然	直接持有本公司 5％股份，梁永标的配偶
梁某源	直接持有本公司 12 股份，梁永标的兄弟
2. 发行人子公司	
广东某电梯工程有限公司	本公司子公司
广东某实业有限公司	本公司子公司
佛山某科技有限公司	本公司子公司

3. 会计报表中重要项目的说明

会计报表中重要项目的说明包括应收票据及应收账款、应收利息、其他应收款及计提坏账准备、长期股权投资、对联营合营企业的投资、营业收入及营业成本、投资收益，等等。

参 考 文 献

［1］中国注册会计师协会. 会计［M］. 北京：中国财政经济出版社，2023.

［2］中国注册会计师协会. 税法［M］. 北京：中国财政经济出版社，2023.

［3］中国注册会计师协会. 经济法［M］. 北京：中国财政经济出版社，2023.

［4］中国注册会计师协会. 财务成本管理［M］. 北京：中国财政经济出版社，2023.

［5］于芳芳. 企业所得税汇算清缴纳税申报与风险管理［M］. 2 版. 上海：立信会计出版社，2023.

［6］中华人民共和国财政部. 企业会计准则（2023 版）［M］. 上海：立信会计出版社，2022.

［7］法律出版社法规中心. 中华人民共和国企业所得税法注释本［M］. 北京：法律出版社，2022.

［8］董宏，施玉明，成秀美，等. 房地产企业全流程全税种实务操作与案例分析［M］. 北京：中国市场出版社有限公司，2022.

［9］吴健，王会，吴冠桦. 新个人所得税实务与案例［M］. 3 版. 北京：中国市场出版社有限公司，2022.

［10］董宏. 土地增值税清算全流程操作实务与案例［M］. 2 版. 北京：中国市场出版社有限公司，2022.

［11］栾庆忠. 增值税纳税实务与节税技巧［M］. 6 版. 北京：中国市场出版社有限公司，2020.

［12］王有松. 全新增值税政策与会计实操大全：实务难点＋账务处理＋税务筹划［M］. 北京：中国铁道出版社有限公司，2020.